西宮秀紀
Hideki Nishimiya

伊勢神宮と斎宮

岩波新書
1767

目次

凡例

- 本書の史料・用語の訓読・ルビはおおむね参考注釈書によっているが、一部改めたところがある。なお、古代の人名などのルビも一般的な読み方による。
- 大王号から天皇号へと称号が変化した時期については諸説あり、天皇の漢風諡号も奈良時代以降のものであるが、わかりやすくするためすべて天皇号・漢風諡号を使用した。
- 「皇大神宮」などの「大」字を「太」字に記す場合もあるが、史料の引用を除き、すべて「大」字を使用した。

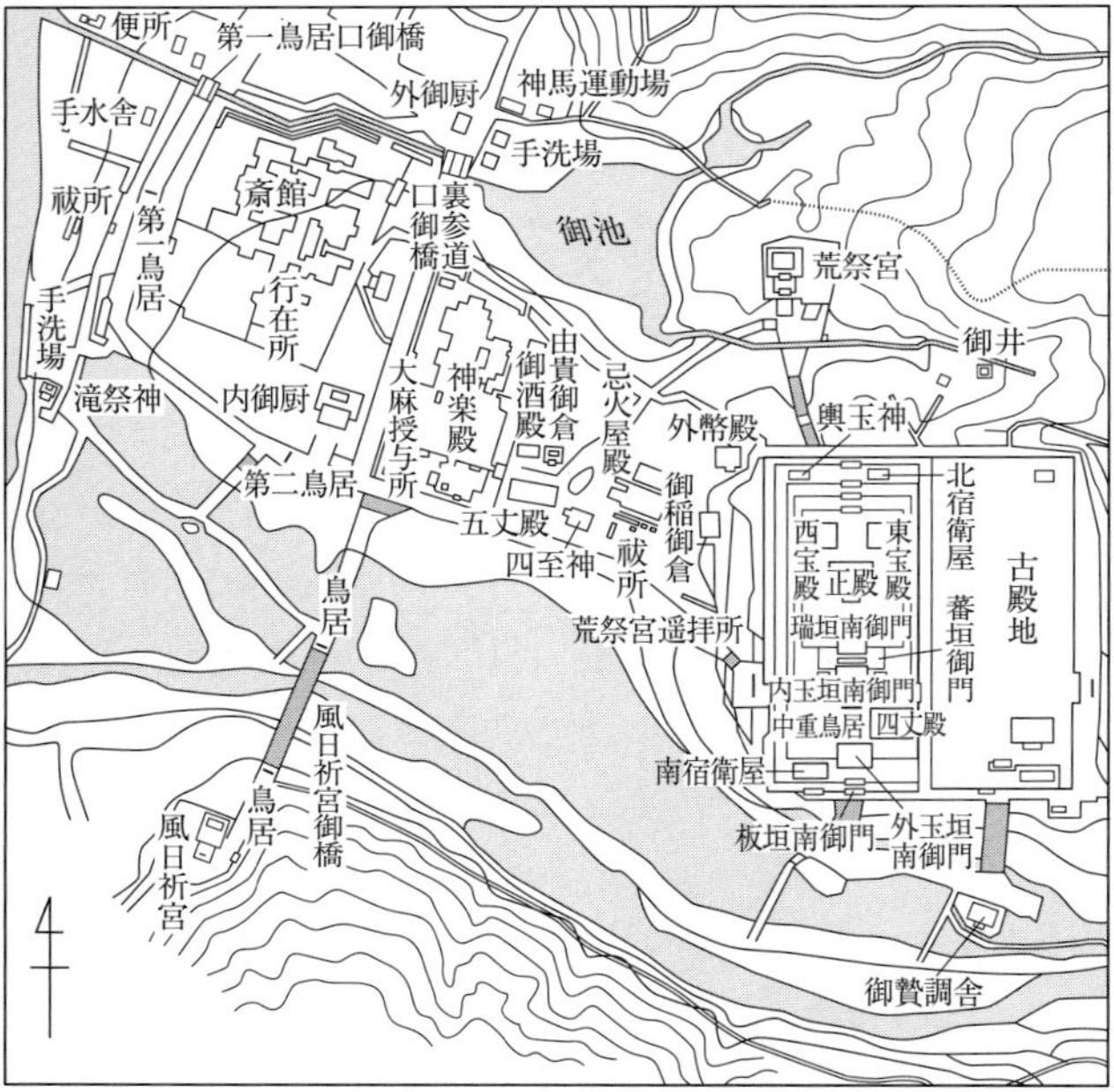
便所
第一鳥居口御橋
外御厨
神馬運動場
手水舎
手洗場
祓所
斎館
第一鳥居
行在所
口御橋
裏参道
御池
荒祭宮
御井
手洗場
滝祭神
内御厨
大麻授与所
神楽殿
御酒殿
由貴御倉
忌火屋殿
外幣殿
興玉神
第二鳥居
五丈殿
四至神
祓所
御稲御倉
北宿衛屋
西宝殿
東宝殿
正殿
瑞垣南御門
蕃垣御門
古殿地
鳥居
荒祭宮遥拝所
内玉垣南御門
中重鳥居
四丈殿
風日祈宮御橋
南宿衛屋
鳥居
風日祈宮
板垣南御門
外玉垣南御門
御贄調舎

図1 内宮境内図

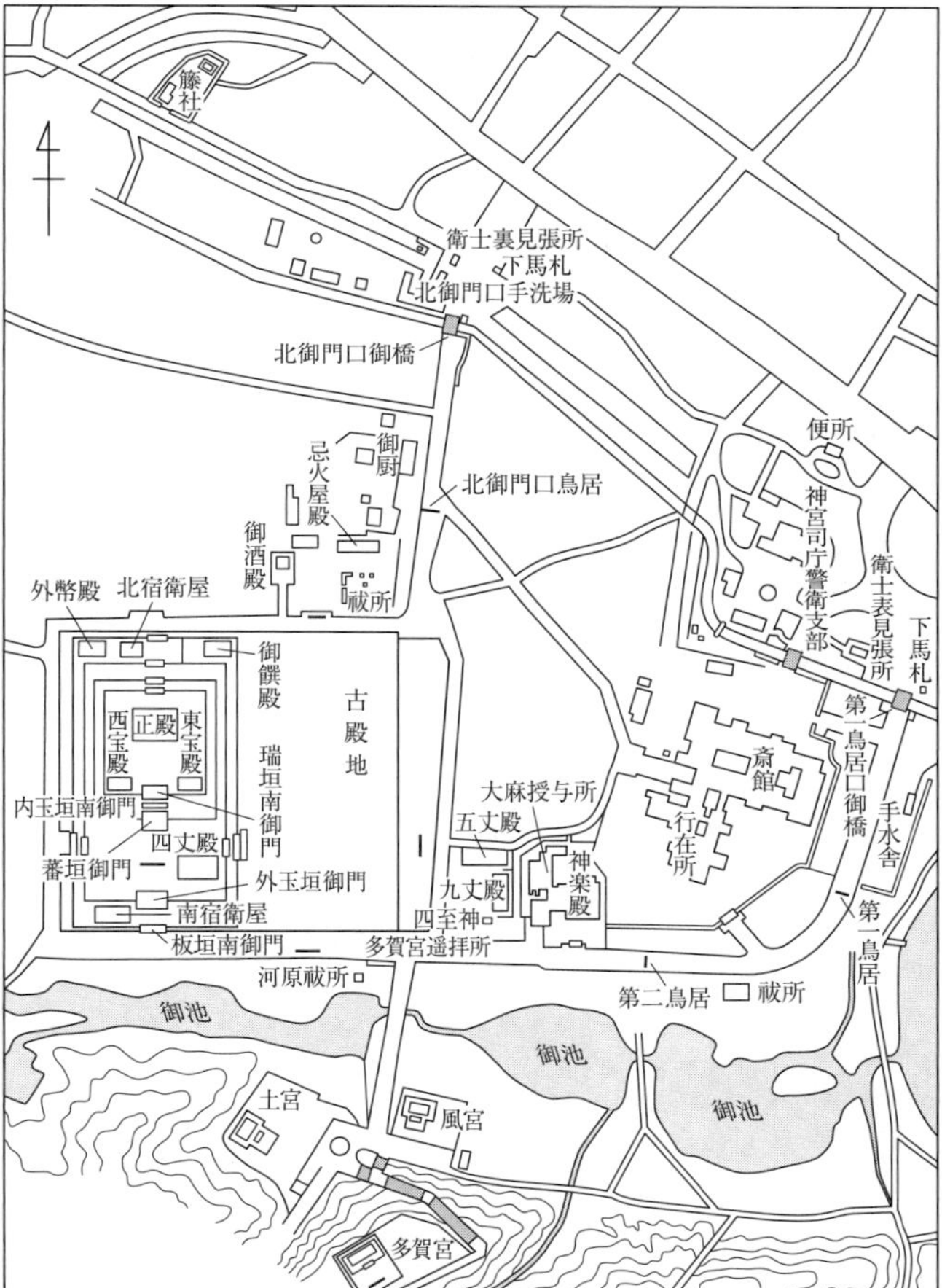

籐社
衛士裏見張所
下馬札
北御門口手洗場
北御門口御橋
御厨
忌火屋殿
北御門口鳥居
便所
神宮司庁警衛支部
衛士表見張所
下馬札
御酒殿
外幣殿
北宿衛屋
祓所
御饌殿
古殿地
西宝殿
正殿
東宝殿
瑞垣南御門
第一鳥居口御橋
斎館
大麻授与所
手水舎
内玉垣南御門
五丈殿
行在所
四丈殿
神楽殿
蕃垣御門
外玉垣御門
九丈殿
南宿衛屋
四至神
第一鳥居
板垣南御門
多賀宮遥拝所
河原祓所
第二鳥居
祓所
御池
御池
御池
土宮
風宮
多賀宮

図2　外宮境内図

（図中の番号は巻末付表1・2と対応している）

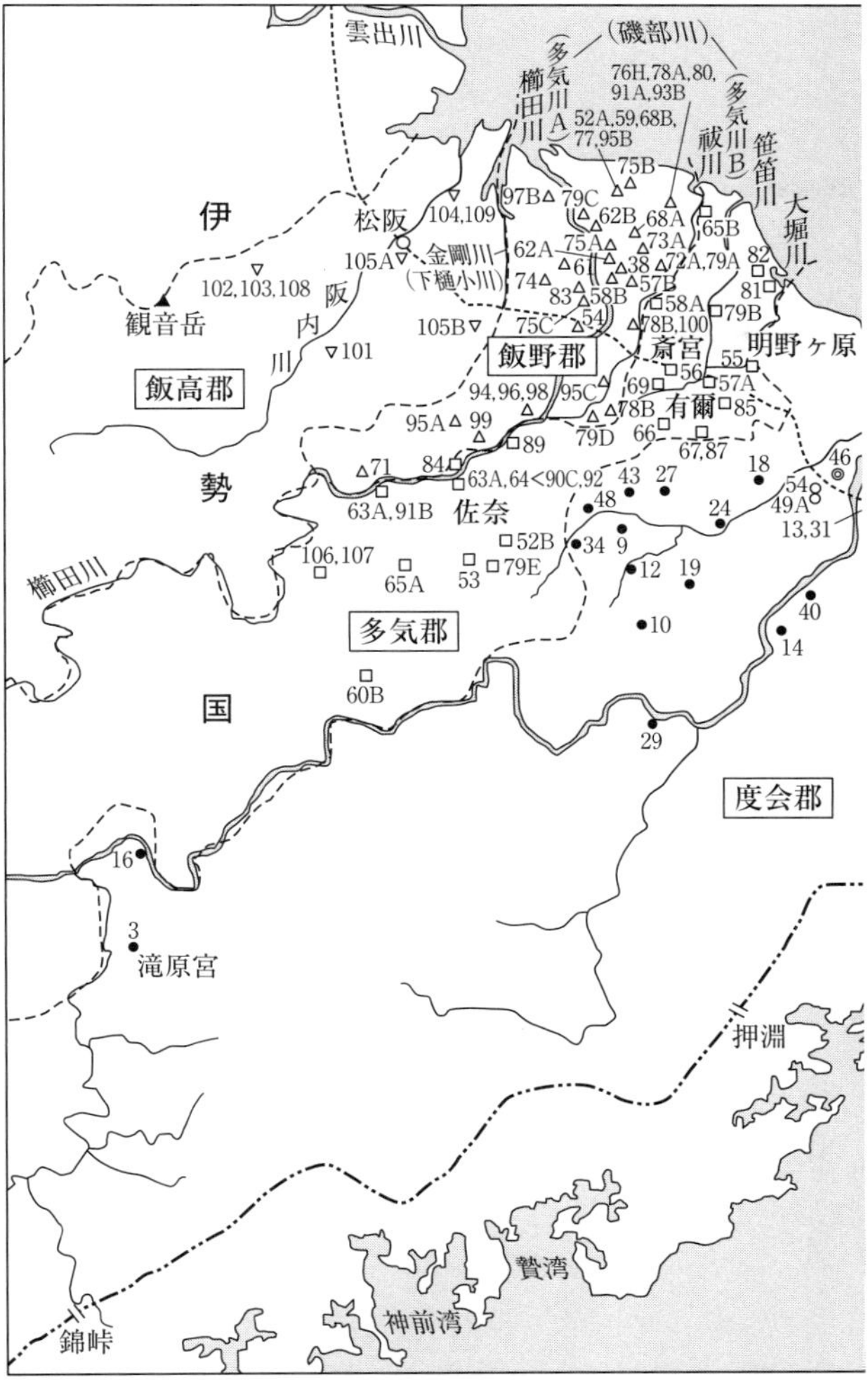

図3 伊勢国四郡と志摩国の式内社比定分布図

序 章

皇祖神を祭る伊勢神宮

日本を代表する神社はどこか、と尋ねるといろいろな答えが返ってこよう。しかし、その中に伊勢神宮が除かれることはない。観光地伊勢に行ったと言えば、伊勢神宮に参拝したと理解されるのは普通のことであろう。神社の中でも伊勢神宮に関する本は群を抜いて多い。この伊勢神宮の不思議な力は何であろうか。それは本書で述べるが、天皇について語るのと同じ伝承を含めた歴史の由来の重さだと私は思っている。伊勢神宮の成立については、伝承史料が多いため学界でもさまざまな説があり確定しているわけではないが、どんなに遅い説でも七世紀を降ることはない。したがって、本書で述べる伊勢神宮と斎宮《さいくう》の歴史は、自ずと古代の話になる。

しかし、同じく記紀伝承の古さで言えば大神《おおみわ》神社(奈良県)や出雲大社(島根県)などを挙げる人もあろう。確かにいずれも記紀伝承に見える古社であり知名度も高い。では、伊勢神宮が他の神社とどこが違うか問われれば、伊勢神宮は皇祖神である天照大神《あまてらすおおみかみ》を祭っている点が一番大

内宮正殿風景

きな違いであろう。天照大神という神話の中の最高唯一神を祭っているのも重要だが、本書では皇祖神という点にも力点を置きたい。皇祖神とは天皇家の始祖神ということである。天照大神は抽象的な神であるが、天皇家は現在まで代替わりを繰り返し実在しているわけで、過去の日本の歴史において大きな影響を及ぼしてきたことは言うまでもない。さらに天皇は現在も国の象徴として、その存在が日本国憲法に規定されている。

　昭和天皇の時代に、天皇が伊勢神宮に参拝していたことや神宮と宮中祭祀との関わりが重要であることは、近年原武史が『昭和天皇』で詳しく述べているところである。現在でも伊勢神宮への天皇参拝は続いており、伊勢神宮の神嘗《かんなめ》祭など重要な祭祀には天皇から幣帛《へいはく》《みてぐら》と呼ばれる神への贈り物が奉られているのである。ちなみに、古代に天皇が直接参拝した例はないので、その点は近現代と異なり注意が必要である。

　ところで、伊勢神宮は伊勢神社とは言わない。平安時代に国家から祭祀の対象とされた神社名を書き上げた『延喜式』巻九・十(以下、神名式《じんみょうしき》と巻の名称で呼ぶ)の天神地祇《てんしんちぎ》全二八六一社をひもとくと、わずかに香取《かとり》神宮（下総国）・鹿島《かしま》神宮（常陸国）と大神宮しかないのである。大神宮だけで通じてしまうところが、伊勢神宮たる所以である。伊勢神宮を神社と記さないのは宮と社の違いである。神が斎《いつ》く場所が宮《みや》であるのか、社《やしろ》であるのかという違いである。神宮は神の宮、つまり神が住まう宮殿なのである。古代宮殿に住まうのは天皇であり、まさしく天皇の皇祖神天照大神が住まうのが伊勢神宮なのである。

本書で述べるように、広義の伊勢神宮は皇大神宮（内宮《ないくう》と略称）と豊受大神宮（外宮《げくう》と略称）の宮殿、そして摂社・末社を含み、さらに大神宮司という国府に匹敵する役所が度会《わたらい》郡に設けられ、広大な境界と三（四）神郡を従える、ある意味では皇祖神天照大神に奉仕すべき広大な神域に住まう神宮であった。

斎宮と祭主

一方、斎宮《さいくう》は「いつきのみや」とも訓《よ》まれ、天照大神に斎《いつ》く、つまり清浄な状態で奉仕する天皇家の皇女・女王のことで、おおむね天皇の代替わりに際し、三年かけて斎王（いつきのみこ）として都から伊勢の斎宮という宮殿に移り、天皇が亡くなったり親の喪などがあったりすると交替した。斎王を斎宮とも呼ぶが、本書では奉仕者を斎王《さいおう》、斎王が住む住まいを斎宮《さいくう》と仮に呼び区別しておきたい。その斎王を支えるために多気《たき》郡に斎宮寮《さいくうりょう》という役所が置かれ、平安時代には条坊制まで敷かれていた。各国には行政機関である国府や、東北の多賀城や九州の大宰府のような地方官衙《かんが》が存在したが、斎宮も古代では重要な地方官衙であった。

しかし斎宮は、南北朝の時代に斎王が派遣されなくなり、その歴史は途絶えてしまう。斎宮が存在した現在の三重県多気郡明和町では、一九七〇年以来計画的に発掘調査が行われており多くの発見があった。ようやく斎王の居所や、斎宮寮官衙の建物配置が明らかになり、二〇一五年には最寄りの斎宮駅北東近くに「斎宮寮庁」と想定される建物が三棟復元されている。また、一九八九年に開館した県立の斎宮歴史博物館には、斎宮から出土した遺跡や遺物の展示が行われている。

「斎宮寮庁」の想定建物復元風景

ところで、古代には都から神祇官の中臣氏が務める祭主《さいしゅ》が派遣され、天皇祈禱を代行するなど重要な役割を果たした。もちろん男性職であった。この祭主は現在の伊勢神宮の事務を担当する神宮司庁にもおかれているが、近代になって祭主になる人は華族から皇族・公爵になり、戦後は元皇女(二〇一九年現在は黒田清子《さやこ》さん)が務めることになっている。天皇の名代として皇女(女性)が神宮に奉仕するという点からみれば、祭主は現代になってかつての斎王的な姿が復活したと言えないこともない。

このように、伊勢神宮と斎宮は古代から現代に至るまで天皇あるいは天皇家と密接に関わっており、しかも伊勢神宮と斎宮の両者も密接に関わっているにもかかわらず、同次元で語られることがこれまでなかった。古代史の中で伊勢神宮と斎宮がどのような存在であったのか、あまり述べてこられなかったその姿について基本的なことをできるだけ述べ、その中で現在の天皇(制度)の宗教的権威につながる源泉の一端を垣間見たいと思う。

史料について

本論に入る前に、これから叙述に利用する史料の話を少ししておきたい。日本の古代史を語る場合、基本となるのは六国史《りっこくし》である。それらは国が編纂した歴史書であり、一番目の神代《かみよ》から始まり伝承的な記事もある『日本書紀』(以下、紀と略称)を除けば、さほど史料批判する必要はない。また、正倉院文書や同時代史資料(紙に記されたものを史料、紙以外の木簡《もっかん》などに記されたものを資料と記す区分による)も当時の一次史資料であるから、史資料批判の必要はほぼないであろう。しかし、紀や『古事記』(以下、記と略称)の神話伝承部分は、気をつけて利用しないといけないことは古代史の専門書を繙《ひもと》けば明らかであるが、中国史料や鉄剣銘、木簡や墨書土器《ぼくしょどき》などの文字資料、あるいは考古学の遺物によって、その史料の時代的特性が客観的に明らかになりつつある。なお、律令《りつりょう》、特に格《きゃく》式《しき》(『類聚三代格』〈以下、『類三』と略称〉『延喜式』)などの法制史料は編纂過程などの諸問題はあるが、基本的に信頼して利用できる同時代史料である。

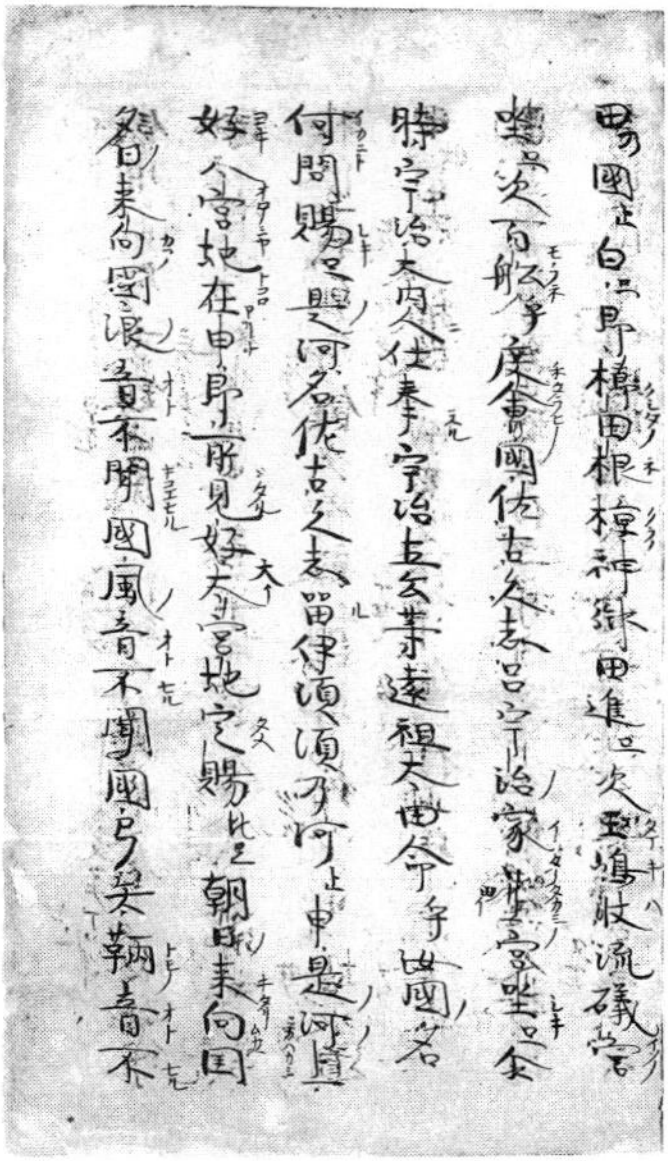

「皇太神宮儀式帳」写本

しかし、これから伊勢神宮の古代を見ていこうとすると、あまり聞いたこともないような神宮側で作成された独自の史料(例えば「皇太神宮儀式帳《こうたいじんぐうぎしきちょう》」「止由気《とゆけ》宮儀式帳《ぐうぎしきちょう》」など)があり、後世編纂されたもの(例えば『太神宮諸雑事記《だいじんぐうしょぞうじき》』〈以下、『雑事記』と略称〉など)もあるため史料批判が要求される。例えば記紀が扱うのと同様の古い神話伝承時代の部分と、後世から手を加えられた表現部分や、単純な記憶違いによる誤記部分などである。また、これらの神宮関係の編纂史料の何よりも厄介なところは、国史など他のおおよそ信頼できる史料で裏づけがまったくとれない独自記事の存在である。いわゆる荒唐無稽な法螺《ほら》話とは異なる種類の、神宮側の人間にしか意味がなく書くことのできない記述部分である。これらの史料をどのように扱うかなかなか難しい点があり、古代史でも共通理解ができていないものもある。

そこで、読者の便を助けるため、巻末に本書で使用する神宮側史料について解説を付しておいた。また、本書では、史料の典拠をできるだけ挙げておいた。逆に、六国史やその時代に関わる『類聚国史』(以下、『類国』と略称)、『日本紀略』(以下、『紀略』と略称)などは、煩雑なので略したところもある。

では、神宮と斎宮の歴史のルーツである古代史の世界に旅だつことにしよう。

第一章

神話・伝承のなかの天照大神

1　皇祖神としての天照大神

神話伝承の特徴と成立

伊勢神宮と斎宮の成立について見ていこうとすると、主祭神《しゅさいじん》である天照大神《あまてらすおおみかみ》などの神々の話から始めなければならない。

ところが、天照大神は、それについて語るのは、日本神話を語るのと同じくらい、大きな存在でもある。日本神話は記上巻と紀神代上・下に記されており、両者はその成り立ちや書としての性格が異なっているので同一に扱えないという説もあるが、同じ神話要素から成り立っていることも確かであるので、まとめて記紀神話として述べてみたい。

さて、記紀神話は記の上巻、紀の神代上・下というように、他の巻と区別されている。それは、神代とそれ以降の人の代とを区別して記すという考えに基づいている。しかし、血縁関係と継嗣関係を重視した歴史的叙述となっていること、また、神々の神代から初代天皇として人の代である神武《じんむ》天皇以降の歴史時代への時間的つながりは、記紀神話における政治的な作為であり、神話を歴史と思わせる誤解にもつながったことは、注意を払う必要がある。

また、よく知られているように、紀の神話が記の神話と異なり多くの異伝を含むという特徴がある。紀編者は統一的な神話にしばられて異伝を抹殺《まっさつ》するということはなかった。紀の成立については研究が精緻になっているが、基本となる考えはやはり津田左右吉《つだそうきち》の説と思われる。津田は神代史の最初の形ができたのは六世紀中ごろの欽明《きんめい》朝前後で、記紀の撰述から百年余り遡ったころと推定しており、神話体系が時間的に流動し歴史の形態がとられているところからも、歴史意識が発達した時期として、一応欽明・推古の時代を想わしめるとした。その後、後に述べるように何段階も上書きがなされ、現在私たちがみる神話体系になったのである。

記紀神話の全体構造と発展段階

天照大神の話に入る前に、まず記紀神話の全体構造について簡単に見ておきたい。一般的によく言われる、紀の神話段落を最初に掲げておこう。

第一・二・三段――天地の創始を語る神代七代章
第四段――伊弉諾尊《いざなきのみこと》と伊弉冉《いざなみ》尊二神による国生みを語る大八洲生成《おおやしませいせい》章
第五段――天照大神や素戔嗚《すさのお》尊などの三貴子の登場する四神出生章
第六段――天照大神と素戔嗚尊との誓約を語る瑞珠盟約《ずいしゅめいやく》章
第七段――天の石窟《いわや》隠れを語る宝鏡《ほうきょう》開始章
第八段――素戔嗚尊のオロチ退治と大国主《おおくにぬし》神の物語である宝剣出現章

第九段——出雲の国譲りと火瓊瓊杵尊《ほのににぎ》の天降《あまくだ》りを語る天孫降臨《てんそんこうりん》章
第十段——彦火火出見命《ひこほほでみのみこと》の海宮《わだつみのみや》行きを語る海宮遊幸《かいぐうゆうこう》章
第十一段——玉依姫《たまよりひめ》が生んだ神日本磐余彦《かむやまといわれびこ》尊（神武天皇）など四男についての神皇承運《じんのうしょううん》章

一方、三品彰英《あきひで》は神話の展開する地名（文化的境域）による分類を、古い神話構想から新しい神話構想へと組み立てられていった順位として次のように並べている。

第一類　出雲神話
第二類　日向《ひゅうが》神話
第三類　高天原《たかまのはら》神話（大和神話とも言われ、二つにわかれる）
第四類　天地創世神話

三品は記紀神話体系の中では、それを記紀編者が編纂する中で第四類から第一類の逆の順序に配列され、それが時間的に継起する歴史的叙述の形式によって構成されている、という特徴があるという。さらに、このうち第一類の出雲神話は特殊な位置にあり、記紀神話体系の中では天照大神の天の石窟隠れから、ただちに天孫降臨につながる話の中に、後からその間に新しく挿入されたとする。つまり、第四類→第三類（1）→第一類→第三類（2）→第二類という流れとなることになる。

神話はたとえば西暦のように絶対年代としてとらえることはできないが、考古学などの層位学的研究法のように、新古を基本とする相対的年代として探る必要もある。三品による相対的年代とは、古い原態の上に新しいものが付着して雪だるま式にふくらんでいくイメージをもとにしている。具体的には、祭政史の発達段階として、神話が儀礼神話として発達する以前の呪術的な農耕を主体とする原始神話段階、宗教儀礼が発展した儀礼神話段階、天皇の政治的絶対性を主張する政治神話段階のようなもので、さらにそこに知的神話期を設け中国の学問的受容による文字化された時代とみる見方を取り入れている。もちろん、これらの段階は記あるいは紀の本文・各異伝ごとに、単純なものから複雑なものまであり、また三宅和朗《みやけかずお》の言うように一書には省略文などの注意が必要である。ただ神話の要素を分析することによって、各神話が上記の基本的な所伝からもっとも発展した形まで、さまざまな形をとっていたことが明らかになると筆者は考えているので、以下援用してみたい。

このうち、天照大神が登場するのは、天地創世神話の最後の物語（第五段四神出生章）と高天原神話である。特に後者は天照大神を中心とする神話で、主に天照大神と素戔嗚尊の誓約（第六段瑞珠盟約章）、天の石窟隠れ（第七段宝鏡開始章）、天孫降臨（第九段天孫降臨章）の内容をもつ物語である。

四神出生章・瑞珠盟約章

まず、紀第五段四神出生章の本文によれば、伊奘諾《いざなき》・伊奘冉《いざなみ》の二神は天下の主者《きみたるもの》として生まれた日神《ひのかみ》(大日孁貴《おおひるめのむち》・一書に天照大神・一書に天照大日孁《あまてらすおおひるめ》尊)と月神《つきのかみ》(一書に月弓《つくゆみ》尊・月夜《つくよ》見《み》尊・月読《つくよみ》尊)に天上の事を治めさせ、素戔嗚《すさのお》尊は常に大泣きをしていたので根国《ねのくに》に追放する物語である。

ちなみに、紀本文は紀編者がいくつもある所伝の中で正統と判断したものである。それ以外の一書が異伝であるが、たとえば同段紀の一書第一では、伊奘諾が左手に白銅鏡《ますみのかがみ》を持ったときに大日孁貴、右手に白銅鏡を持ったときに月弓尊、首《かしら》をめぐらして顧《かえり》みたちょうどその時に素戔嗚尊が生まれ、やはり素戔嗚尊は根国に追放した異伝がある。

一方、記によれば、黄泉《よもつ》国から脱出した伊耶那岐《いざなき》命が禊《みそぎ》を行い、左目・右目・鼻を洗ったときに三貴子が生まれ、天照大御神に高天原を、月読《つくよみ》命に夜《よる》の食国《おすくに》を、建速須佐之男《たけはやすさのお》命に海原を領有させたとある。日と月、すなわちもともとは太陽・月の子の誕生神話だったのであろう。神宮に深く関わるアマテラス(日神)とツクヨ《(ユ)》ミの登場神話でもある。

次に、紀第六段瑞珠盟約章の本文を見てみよう。根国に赴く前に高天原の天照大神のもとに参上し、天照大神が素戔嗚尊の暴悪に対峙《たいじ》するため男装する。弟は邪心がないことを証明するため誓約《うけい》し、出生する子が女神なら邪心があると述べ、性別によって証明しようとする。その結果、天照大神が素戔嗚尊の十《と》握剣《つかつるぎ》から生んだ宗像《むなかた》三神は女神であるので天照大神が勝ったとし、素戔嗚命が天照大神の八坂瓊《やさかに》の五百箇御統《いおつみすまる》（大きな玉を紐に通し輪にしたもの）から生んだ男神天忍穂耳尊《あまのおしほみみ》らを自分の物実《ものざね》（物の生じた根源）から生まれたので自分の子として養育し、紀第九段天孫降臨神話への伏線としている。一方、記でも誓約し、同様の手段でそれぞれ女神・男神が生まれるが、速須佐之男命は女神を生んだので自分の勝利宣言を行っており、次の第七段の勝ちに乗じた乱行につながっている。

ここでは、皇統譜につながるアマノオシホミミの登場が重要である。

宝鏡開始章

次の第七段宝鏡開始章は、伊勢神宮の所伝が多く取り入れられていることで、よく知られている。

紀本文によれば、素戔嗚尊が天照大神の御田《みた》の春の播種《はんしゅ》や秋の新嘗《にいなめ》、神衣《かんみそ》を織る斎服殿《いみはたどの》に剝《さかはぎ》にした天斑駒《あまのぶちこま》を投げ入れ妨害する。そのため、天照大神は天石窟《あまのいわや》に隠れたあと天安河辺《あまのやすのかわら》で常世《とこよ》の長鳴鳥《ながなきどり》を集め長鳴きさせ、思兼神《おもいかね》が深謀遠慮し、天児屋根命《あまのこやね》と太玉命《ふとだま》が榊《さかき》に八坂瓊の五百箇御統・八咫鏡《やた》を懸け、青和幣《あおにきて》（麻）と白和幣《しろにきて》（木綿《ゆう》）を懸けて祈禱し、天鈿女命《あまのうずめ》が矛《ほこ》をもち神意をうかがう俳優《わざおき》を行い、桶を伏せ神懸《かみが》かった。それを聞いて、天照大神は不思議に思い天石窟から覗《のぞ》いたところ手力雄神《たぢからお》が引き出し、しめ縄を引いて境界とし、素戔嗚尊に賠償させ天上から追放したとある。

一方、記もほぼ同様で、須佐之男命が勝ちに乗じて天照大御神の営田《つくだ》の畔《あぜ》を壊し溝を埋め、大嘗《おおなめ》の御殿に屎をまき散らし、また忌服屋《いみはたや》で神御衣《かんみそ》を織っていたおりに服屋《はたや》の頂上から、天の斑馬《ぶちこま》を逆剝《さかは》ぎにし落としたため天服織女《あめのはとりめ》が驚いて死んだので、天照大御神は天石屋戸《あまのいわやと》に籠もることになる。しかし、天の安の河原で高御産巣日神の子である思金神《おもいかね》に善後策を考えさせ、常世の長鳴鳥を鳴かせ、天児屋命と布刀玉命に占いをさせ、多数の「賢木《さかき》」に御《み》するの玉・八尺《や》鏡・白丹寸手《たにきて》と青丹寸手を垂らして、神懸《かみがか》かりした天宇受売命《あめのうずめ》の踊りにより、天照大御神を天手力男神《あめのたぢからお》が天石屋戸から引き出し、神々は須佐之男を追放する。

この神話の要素は、スサノオの勝ちさびと乱行・アマテラスの田作りと衣織り、アマテラスの天の石窟隠れ、迎神と神遊び、アマテラスの迎えだしとスサノオの追放、の四点である。ここには天《あま》つ罪《つみ》・国つ罪とともにアマテラスの新嘗《にいなめ》(大嘗《おおなめ》)・神衣《かんみそ》織り、長鳴鳥・オモイカネ・アメノウズメ・タヂカラオなど神宮に関わる多くの名称が登場しており、紀一書第二に鏡が伊勢大神の斎《いつ》き祭る神とあるのは歴史時代の神宮(祭祀)の反映であり、アマテラスの新嘗(大嘗)は神宮祭祀の神嘗《かんなめ》祭、神衣織りは神衣祭などにも通じるであろう。

三品は、アマテラスの表記の仕方が日神(紀一書第二・紀一書第三)から天照大(御)神(紀本文・記)に変化することや、神話要素として紀一書第一は紀本文と同様にオモイカネが見えるが、神衣を織るのが稚日女尊《わかひるめ》であること、神鏡の制作にイシゴリドメが見られ紀伊国日前《ひのくま》神が造られるところから、これを中臣氏活躍以前の古い所伝と考えられることなどから、（Ｃ）紀一書第二・紀一書第三→（Ｂ）紀一書第一→（Ａ）紀本文と記、という相対的年代順になり、文化年代的には天孫降臨神話の儀礼神話発展段階の間から、派生して体系づけられた物語と推断している。

天孫降臨章の本文・異伝

最後の第九段天孫降臨章は、さらに天照大神や伊勢神宮の重要な伝承を多く含んでいるので、異伝が多いが相違点に留意して紹介しておこう。

まず紀本文は、天照大神の子天忍穂耳尊《あまのおしほみみ》が高皇産霊尊《たかみむすひ》の娘栲幡千千姫《たくはたちぢひめ》を娶り、彦火瓊瓊杵尊《ひこほのににぎ》を生み葦原中国《あしはらのなかつくに》の主《きみ》にしようとしたところから始まる。なかなか邪鬼《あしきもの》を平定できなかったが、大己貴神《おおあなむち》の国譲りにより葦原中国を平定し、その結果、高皇産霊尊が真床追衾《まとこおうふすま》（夜具）で皇孫瓊瓊杵尊を覆い日向《ひむか》の襲《そ》の高千穂《たかちほ》峰に降臨する物語（天孫降臨神話）と、瓊瓊杵尊と鹿葦津姫《かしつ》（木花《このはな》之開耶姫《のさくや》）との聖婚による三子（火闌降命《ほのすそり》・彦火火出見命《ひこほほでみ》・火明命《ほのあかり》）を生む物語（コノハナサクヤヒメの成婚神話）からなる。紀一書第四・紀一書第六も天孫降臨神話部分は、紀本文とほぼ同じである。

紀一書第二によれば、葦原中国を平定させた後、高皇産霊尊は神籬《ひもろぎ》と磐境《いわさか》（ともに祭壇）を設立し、子孫のためにお祭りし、天児屋命と太玉命は神籬を護持し葦原中国に天降《あまくだ》り、わが子孫のためにお祭りせよと命じて、この二柱（柱は神を数える単位）の神を天忍穂耳尊のお伴として天降らせている。この時、天照大神は手に宝鏡をもち、天忍穂耳尊に授け、この宝鏡を私と同じと考えこの鏡と床を同じくし、殿を同じくしてお祭り申し上げる鏡とせよと言い、天児屋命と太玉命に汝らも殿の内に伺候《しこう》し、外敵や災難から防ぐよう命じた。また、「高天原の神聖な田の稲穂を我が子に授けよう」と述べたという。そして、高皇産霊尊の娘万幡《よろずはた》姫を天忍穂耳尊と娶《めあわ》せ天降らせたところ、彦火瓊瓊杵尊が生まれたため、天児屋命・太玉命と諸部《もろとものお》神とともに、召し物を授けられ、日向の高千穂峰に天降ったとある。

紀一書第一によれば、天照大神は邪悪な神平定後、思兼神の妹万幡豊秋津《とよあきづ》媛《ひめ》命を天忍穂耳尊と娶せ、天降らせる時に生まれた彦火瓊瓊杵尊を代りに降らせた。その時、天照大神は八坂瓊《やさかにの》曲玉《まがたま》と八咫《やた》鏡・草薙剣《くさなぎのつるぎ》の三種の宝物を彦火瓊瓊杵尊《ひこほのににぎ》に授け、天児屋命ら五部《いつとものお》神を添え、天《てん》壌無窮《じょうむきゅう》の神勅を下して降臨させたが、天八達之衢《あまのやちまた》にいた猨田彦《さるたひこ》大神の案内で、皇孫は筑紫の日向《ひむか》の高千穂の槵触峰《くしふるのたけ》に降臨し、猨田彦神は「伊勢の狭長田《さながた》の五十鈴《いすず》川の川上《かわかみ》」に到り、天鈿女命は猨女君《さるめのきみ》の名を賜ったという。

一方、記によれば天照大御神の御子天忍穂耳命は天降りをしようと思っていたが、高木《たかぎ》神の娘万幡豊秋津師比売《よろずはたとよあきづしひめ》命との間に生まれた日子番能邇邇芸《ひこほのににぎ》命に豊葦原瑞穂《とよあしはらみずほ》国の領有を委任した。

そして、天の八衢にいた猿田毗古神の先導のもと、天児屋命《あめのこやね》・布刀玉命《ふとだま》・天宇受売命《あめのうずめ》・伊斯許《いしこ》理度売命《りどめ》・玉祖命《たまのや》の五伴緒《いつのとものお》を従者として、大神を招いた八尺勾璁《やさかのまがたま》・鏡・草那芸剣《くさなぎのつるぎ》と思金神《おもいかね》・手力男神・天石門別神《あめのいわとわけ》を副《そ》えて、この鏡を私の魂として私を祭るように斎き、思金神は私の祭事を執り行って祭祀をせよと述べ、邇邇芸命と思金神は「伊須受宮《いすず》」をあがめて祭ったとある。次に登由宇気の神は度相に鎮座し、次に天石別神（櫛石窓神《くしいわまど》・豊石窓神《とよいわまど》）は御門《みかど》の神で、次に手力男の神は佐那々県《さなな》（多気郡多気町）に鎮座するとある。

続けて、日子番能邇邇芸命は筑紫の日向の高千穂に天降り、天忍日命《あめのおしひ》と天津《あまつ》久米《くめ》命二人が先導し、邇邇芸命は天宇受売命に猿田毗古《ひこ》の大神を鎮座地に送らせ、猨田毗古の名を負って猨女君と呼ぶとあり、猨田毗古神は阿耶訶《あざか》（松阪市）にいるとき海で溺れたという。一方、天宇受売命は猨田毗古神を送り帰ると、すべての大小さまざまな魚を集め、邇邇芸命に奉仕するように言い、そこで代々嶋（志摩）の速贄《はやにえ》を奉るとき、猨女の君らに初物を賜るという。

皇祖神の登場

以上のような、天孫降臨に関する神話の構成要素を見ておこう。司令神がタカミムスビかアマテラスか、降臨する神がホノニニギか、あるいはアマノオシホミミからその子ホノニニギへ変化しているか、降臨の容姿にマトコオウフスマの記載があるかないか、降臨地が日向の襲の高千穂か日向の高千穂か、神器(三種宝物)の授与や随伴する五部や神統治(天壌無窮)の神勅があるかないか、などを見ると、神器授与は儀礼神話の段階で、神統治の神勅は新しい政治神話の時代であることが考えられ、（A）紀本文と紀一書第四・紀一書第六↓（B）紀一書第二↓（C）記・紀一書第一という、相対的な発展段階が想定できることになるという。

以上の神話伝承からすると、天孫降臨神話は歴史時代の伊勢神宮の御神体が鏡であることを始めその姿が反映されていると考えてよく、アマテラスがアマノオシホミミに対して鏡を私の魂として斎くように述べているのは、次の節で取り上げる崇神《すじん》紀六年記事の伏線でもある。とりわけ、ここに伊勢神宮の祭神であるアマテラスと相殿《あいどの》神二座のタヂカラオとヨロズハタトヨアキヅ（シ）ヒメが登場している。タヂカラオやアマテラスと同様五十鈴川の川上に到ったという異伝（一書）をもつサルタヒコが、伊勢の地名（佐奈・阿耶訶）と関わらせて述べられていることは、ヨロズハタトヨアキヅ（シ）ヒメの神名が、伊勢神宮の内宮祭祀である神衣《かんみそ》祭と関係するということと共に、天孫降臨神話の成立を考える上で中伊勢地域（三重県を北勢・中勢・南勢と三区分する方法による）の重要性を物語っている。

そして何よりも、天孫降臨神話のアマテラスが天孫ニニギの祖母という位置づけは、伊勢神宮と天皇との関係、つまり最高神アマテラスが皇祖神であることを明確に神話的に述べており、この位置づけが記紀神話にあることは、記紀の成立後朝廷氏族に対する天皇の優位性、ひいては伊勢神宮の他神宮・神社に対する優位性を持続することにつながることになる。

登由宇気神の性格

天照大神関係の神話を見てきたが、天照大神は天にあって照り輝く偉大な神々《こうごう》しい神という意味の神であり、つまり日の神である。したがって高天原の中心となるが、同時に穀霊や機織《はたお》り女の性格も併せ持ち、これも偉大なる太陽の巫女の尊貴なお方という意味で霊的女性を神格化している。大日孁貴《おおひるめのむち》や大日孁尊とも記され、多面的な性格も持っていた。さらに『古事記』では天照大御神と呼ばれているように、天照は修飾語で大御神が核だとすると、最高唯一神を意味していた。この点は、大神宮が伊勢神宮を指すのと同じ考えなのである。

一方、高木神の別名は高御産巣日《たかみむすひ》神でもあり、この神は高く神聖な生成の霊力という意味と、高く神聖な生成して止まぬ太陽という意味を持っているという。高御産巣日神は高天原に天之《あめの》御中主《みなかぬし》神に次いで二番目に生まれた独神で、高御産巣日神も天照大神と同様に日神的要素があり皇祖神的要素があった。

先に見た天孫降臨章では、天照大神は高御産巣日神とともに司令者となっているが、記の神話の中の前半と後半とでは、高御産巣日神・天照大御神の順序が天照大神・高木神に変化している。高木神は神の降臨の依代《よりしろ》となる聖なる木であり、天の若日子《わかひこ》の反逆伝承より高御産巣日神から高木の神に神格が変化させられていることが言われている。天孫邇邇芸命を降臨させるさい御魂代《みたましろ》の鏡を授け、神武天皇が熊野で倒れたとき二神は神剣を降し危機を救ってもいる。また、天孫降臨神話の紀の異伝をみても、高御産巣日神を司令神とする伝承が古く、天照大神が演じる伝承が最も後期的なものであることは、かつて松村武雄が述べた通りである。

このような皇祖神が、なぜ二神存在するかについては、皇祖神が本来的に高御産巣日神であるということを岡正雄が述べて以来、支持する研究者が多い。天孫降臨させる神が、高御産巣日神から天照大神に移行・転換するということは蓋然性が高いと思われ、溝口睦子《みぞぐちむつこ》は天孫降臨神話について、五世紀初頭に朝鮮半島から導入された北方系王権神話の系譜を引く神話であるとし、ヤマト王権時代(五世紀〜七世紀)は高御産巣日神で、律令制国家成立以降(八世紀〜)は天照大神へ国家神が転換したとする説を唱えている。共感できる説だが、天照大神へ転換した時期は後で述べるように七世紀後半以降と捉えた方がよいであろう。

一方、外宮の豊受《とゆうけ》神は紀に見えず、先に掲げた記の天孫降臨段に天孫降臨神に混って「登由《とゆ》宇気《うけ》神、こは度相《わたらい》に坐《いま》す神ぞ」としか見えない。しかも諸本には「外宮《とつみや》の度相」とあるが、「外宮」は平安前期以降しか現れず後世の竄入《ざんにゅう》とみる説が有力である。「登由宇気」は「豊食《とよう》物《け》」の語義と考えられており豊かな食物の意味である。記紀神話体系に大きな影響を及ぼさなかった神であり、その意味でやはり地方神としての性格が強いと思われる。なお、『丹後国風土記』逸文(『古事記裏書』『元元集《げんげん》』)の豊宇《とよう》加《か》能《の》売《め》命との関係については後に述べたい。

2　伊勢神宮の成立と斎王

起源伝承

いよいよ崇神紀六年・垂仁紀二五年三月丙申条が語る、伊勢神宮の起源伝承を見てみよう。

崇神天皇六年、これより以前に天照大神・倭大国魂《やまとおおくにたま》神を天皇の御殿に並べて祭っていたが、神の威力が強く共に住むことが困難となった。そこで、天照大神を豊鍬入姫《とよすきいりひめ》命に憑依させ、倭の笠縫邑《かさぬいむら》に祭り神籬《ひもろぎ》を立てた。一方の日本(倭)大国魂神を渟《ぬ》名《な》城《き》入姫《いりひめ》命に憑依させ祭らせたところ、髪が抜け衰弱して祭ることができなかった。

そこで、垂仁紀二五年三月丙申、天照大神を豊鉏(鍬)入姫から離して倭姫命に憑依させた。倭姫命は大神の鎮座する場所を求めて、菟《う》田《だ》の篠幡《ささはた》から近江国に入り、東の美濃から伊勢国に到った。その時、天照大神は倭姫命に「この神風の伊勢国は、常世《とこよ》の浪の重浪《しきなみ》の寄せる国で、「傍国《かたくに》」(大和国のわきにある国)の美しい国である。この国にいたいと思う」と述べたので、その教えの通り「祠《やしろ》」を伊勢国に、「斎宮《いつきのみや》」を五十鈴の川上《かわかみ》に建てた。これを磯宮《いそみや》といい、天照大神が初めて天から降ったところである。

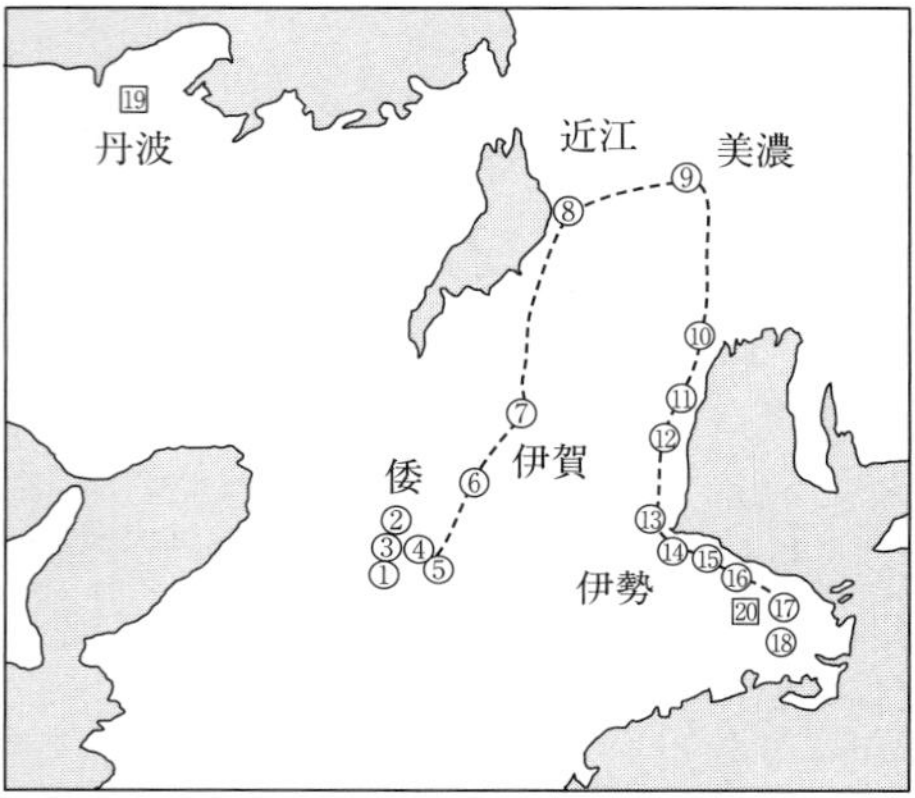

①(磯城瑞籬宮)
②(倭笠縫邑)
③美和御諸宮
④宇太阿貴宮
⑤宇太佐々波多宮
(菟田篠幡)
⑥伊賀空穂宮
⑦阿閉柘植宮
⑧淡海坂田宮(近江国)
⑨美濃伊久良賀波宮
(美濃国)
⑩伊勢桑名野代宮
(伊勢国)
⑪河曲
⑫鈴鹿小山宮
⑬壱志藤方片樋宮
⑭飯野高宮
⑮多気佐々牟迤宮
⑯磯宮
⑰度会宇治家田田上宮
⑱宇治里伊須須河上
〔内宮〕(祠)(斎宮)
⑲丹波国比治真名井
⑳〔外宮〕

注)①〜⑱は「皇太神宮儀式帳」, ⑲⑳は「止由気宮儀式帳」による. なお, ( )は『日本書紀』に見える. 地図上の位置は, 比定地や推定地を含む. ⑲→⑳は等由気大神遷幸伝承地.

天照大神憑依の豊鍬入姫・倭姫命巡幸伝承概略図

以上が『日本書紀』に記された伊勢神宮の起源伝承である。崇神紀六年条によれば、天照大神と倭大国魂二神を天皇の大殿《みあらか》の内に祭っていたとあり、これは先に見た神代紀下第九段の一書第二に、天照大神が天忍穂耳尊《あまのおしほみみ》に宝鏡を授け、この宝鏡を天照大神と同じと考え、床と殿を同じくしてお祭り申し上げる鏡とせよ、と述べたのに対応している。ところが、神威が強いため天照大神は豊鍬入姫に託して、倭の笠縫邑に祭って堅固な神籬を立てたという。崇神紀には例えば疫病が流行し、大物主神《おおものぬし》は大田田根子命《おおたたねこ》を神主、倭大国魂神は市磯長尾市《いちしのながおち》を神主とするよう夢告があり、そのほか八十万《やそよろず》の神々を祭り天社《あまつやしろ》・国社《くにつやしろ》の神地・神戸《かんべ》を定めたとあり、また戸口調査をし「課役」(「調役《みつきえだち》」)を課したので天下は平穏になり、この天皇を御肇国天皇《はつくにしらす》としているように、崇神天皇は神武に次いで国土支配者として、また大神神《おおみわのかみ》・倭大国魂神などの神祭りを重視した天皇として描かれている。

しかし、『日本書紀』の年紀をそのまま西暦にあてはめると崇神天皇六年は紀元前九二年になり、その後の歴史的過程を考えると、この年紀を信頼することはできない。例えば神武天皇元年が辛酉革命説に基づき設定されたことは、すでに那珂通世が喝破した通りである。

垂仁紀二五年三月丙申条の異伝

さて、垂仁紀二五年三月丙申条は天照大神憑依の倭姫命巡幸物語で、「祠《やしろ》」を伊勢国に立て「斎宮《いつきのみや》」は五十鈴の川上《かわかみ》に立てたとあり、倭姫命がそこに入った姿を想像させる伝承である。これも、そのまま実年代に置き換えるのは無理があろう。ところが、垂仁紀二五年三月丙申条には「一云」という以下のような重要な異伝がある。

天皇は倭姫命を御杖《みつえ》として天照大神に奉り、倭姫命は天照大神を依代《よりしろ》の神木に鎮座させて

丁巳年と『日本書紀』

天皇・年		グレゴリオ暦	10月朔[1]	甲子[2]
垂仁	26	B.C. 3	丁丑	×
垂仁	86	A.D. 57	己丑	○
景行	47	117	辛丑	○
成務	47	177	壬子	○
神功皇后摂政	37	237	甲子	×
応神	28	297	丙子	×
仁徳	45	357	戊子	○
允恭	6	417	己亥	○
雄略	21[3]	477	辛亥	○
宣化	2	537	壬辰[4]	○
推古	5	597	甲辰	○
斉明	3	657	丙辰	○

注 1)天皇・年，グレゴリオ暦，10 月朔の干支は『日本書紀暦日原典』に依る．
2)10 月に甲子日があるか否かを示す．
3)雄略天皇 21 年頃以前は儀鳳暦，以降は元嘉暦．
4)『日本書紀』に見える．

お祭りした。その後、神の教えのまま丁巳年冬一〇月甲子に伊勢国の渡遇宮《わたらいのみや》に遷した。この時、倭大神は穂積《ほづみ》の遠祖大水口宿祢《おおみくちのすくね》に憑依し、「太初《はじめ》に伊弉諾《いざなき》と伊弉冉《いざなみ》が期《ちぎ》って「天照大神は天《あま》の原を、皇御孫尊《すめみまのみこと》は葦原中国の八十魂神《やそみたまのかみ》を、私は大地官《おおつちのつかさ》を治めよう」と述べた。ところが、崇神天皇は神祇を祭祀したとはいえ、その根源《ねもと》を探らなかったため天皇の寿命は短かった。そのため、垂仁天皇がそのことを悔い慎んで祭れば、寿命が長く天下太平となろう」と述べた。天皇はその言葉を聞いて、中臣連の祖探湯主《くかぬし》に大倭大神を誰に祭らせたらよいか卜《うらな》わせたところ、渟名城稚姫命《ぬなきわかひめのみこと》が卜《うら》にかなったので神地を穴磯邑《あなしのむら》に定めて大市《おおち》の長岡岬《ながおかのさき》でお祭りさせたが、衰弱し祭る事ができなくなった。そこで大倭直の祖長尾市宿祢《ながおちのすくね》に命じて祭らせたという。

この異伝は、先に見たように垂仁紀二五年三月丙申条本文や崇神紀六・七年条に類似記事があり倭大神の独自伝承も含むが、丁巳年冬一〇月甲子に伊勢国の渡遇宮に遷したという伊勢神宮に関する独自伝承が見られる。この干支年(丁巳)は垂仁天皇二六年にあたり、先の垂仁紀二五年の本文記事と合わず、干支を何運か下げ実年代と合わせようとすると、表のように九期しか合わない。

そこで、参考となるのが「止由気宮儀式帳」の次のような由来伝承である。

天照坐皇大神は初め垂仁天皇の御世に大宮を求め、度会宇治伊須須《いすず》河上の大宮で奉仕した。時に雄略天皇は夢の中で、天照坐皇大神は高天原から探して伊須須の河上に鎮まったが、一所だけではなはだ心が晴れず、しかも大御饌《おおみけ》も穏やかに食べることができないので、丹波国比治《ひじ》の真名井《まない》から私の御饌都神《みけつかみ》等由気《とゆけ》大神を寄こして欲しいと教え覚すので、天皇は驚き、丹波国から度会山田原に宮を定めて斎《いつ》いてお仕えになり、御饌殿《みけどの》を造り天照坐皇大神の朝夕の大御饌に毎日お供えすることになった。

これによれば、等由気(止由気)大神の宮(外宮)は雄略朝に度会の山田原に宮を定めたことになる。

この他、『雑事記』『豊受太神宮禰宜補任次第《とようけだいじんぐうねぎぶにん》』(以下、『外宮禰宜補任』と略称)などの神宮側史料には雄略二一年(丁巳)に伊勢大神宮の託宣があり御食津神《みけつ》・等由気大神(豊受大神)を迎えた記事がある。つまり、垂仁紀二五年三月丙申条の一書異伝では天照大神の「渡遇宮」への丁巳年鎮座伝承があり、神宮側史料では豊受大神の「度会伊須須河上宮」への雄略天皇(二一年)鎮座伝承があったことになる。

成立年代

一方、『古事記』では先に見たように、天孫降臨段に二柱(邇邇芸命《ににぎ》と思金神《おもいかね》)が「伊須受宮」を祭り、登由宇気神が「坐度相神《わたらいにいますかみ》」とある。崇神天皇段には豊鉏比売命《とよすきひめ》が「伊勢大神之宮」を斎き祭ったとあり、これは後の斎王として表現しているのであろうが、『日本書紀』のように伊勢神宮の起源伝承は記されていない。『古事記』の天孫降臨段では、「天照大神」のいる「伊須受宮」と「登由宇気神=坐度相神」とが対比されており二宮を思わせる書きぶりであるが、崇神記には単に「伊勢大神之宮」と記されるだけである。

これらのことからすれば、『日本書紀』では垂仁朝に天照大神の指示通り「祠《やしろ》」を伊勢国に立て、「斎宮《いつきのみや》」を五十鈴の川上に建て磯宮と呼んだこと、『古事記』では「伊勢大神之宮」あるいは「伊須須宮」と呼んだ伝承になる。しかし、垂仁紀二五年三月丙申条の一書異伝では丁巳年渡遇宮に遷り、『古事記』によれば度会には登由宇気神がいて、神宮側史料では丁巳年は雄略天皇二一年の外宮の鎮座伝承にかけられているということになる。この垂仁紀二五年三月丙申条の一書異伝の「渡遇宮」は文脈からすれば度会宇治伊須須河上大宮、つまり内宮のことを指すが、度会宮は後に度会山田原宮、つまり外宮を指すわけであるから、これを神宮側が雄略朝の外宮成立伝承に結びつけ、その結果記述が雄略朝丁巳年となったということなのであろう。

ところで、神宮側のもう一つの史料として、「皇太神宮儀式帳」の伝承を見てみよう。

崇神天皇の御世以前から天皇と同殿に鎮座していたが、崇神天皇の時代に豊鋤入姫命を御《み》杖代《つえしろ》にたて成長したので、垂仁天皇の時代に倭姫《やまとひめ》内親王を御杖代にして、美和《みわ》の御諸原《みもろのはら》に斎宮を造り斎《いつ》き始められた。その後倭姫内親王は大神をいただき国を求め、美和の御諸宮を出発したが、その時見送りの駅使は阿倍武渟河別《あべのたけぬかわわけ》命・和珥《わに》彦国葺《ひこくにふく》命・中臣大鹿島《なかとみおおかしま》命・物《もの》部《のべ》十千根《とちね》命・大伴武日《おおともたけひ》命の五柱で、宇太《うだ》の阿貴《あき》宮、佐々波多《ささばた》宮、伊賀《いが》空穂《あなほ》宮、阿閉《あへ》柘植《つみえ》宮、淡海《おうみ》坂田《さかた》宮、美濃《みの》伊久良賀波《いくらがは》宮、伊勢《いせ》桑名《くわな》野代《のしろ》宮、河曲《かわわ》、鈴鹿《すずか》小山《おやま》宮、壱志《いちし》藤方片樋《ふじかたかたひ》宮、飯野《いいの》高《たか》宮、多気《たけ》佐々牟迤《ささむえ》宮、磯宮を経て度会国の宇治家田《いえだ》田上《たがみ》宮に入っている（24頁の図参照）。伊須須河の河上によい大宮地があると聞き見て定め、「朝日来向《きむこ》う国、夕日来向う国、浪の音聞こえぬ国、風の音聞こえぬ国、弓矢鞆《とも》の音聞こえぬ国」で心が鎮まる国と喜んで、大宮を定めた。

これによっても、垂仁天皇時代に天照大神の願う度会郡宇治里伊須須河の河上に宮地を定めたとしかなく、倭姫内親王巡幸の順路が詳しく述べられているだけである。

このことからは、垂仁朝に内宮が、雄略朝に外宮が定められたという伝承上の成立時期は認められるが、垂仁紀二五年三月丙申条の一書異伝の丁巳年一〇月甲子の年月日は、神宮(外宮)側では外宮の成立年と捉えられていた、ということ以上深入りすることができないと思われる。しかし、逆に言うと神宮(外宮)側で、『日本書紀』の丁巳鎮座伝承が外宮鎮座と捉えられていたことは重要であろう。すなわち、外宮が「天照大神」の要請で鎮座した伝承からすれば、「天照大神」を祭る伊勢神宮(内宮)は、論理的にそれ以前に鎮座せざるをえない。その実年代を丁巳の干支を基点にするなら、26頁の表のように種々の説があるが、遅くとも五世紀後半以前として伝承上考えられていた、ということになろう。

なぜ伊勢だったのか

ところで、上記の『日本書紀』・「皇太神宮儀式帳」に見える天照大神の成立は、先に見た神話学の成果では律令国家成立以降(八世紀〜)とするが、後に述べるように七世紀後半の天武朝に遡ることはほぼ間違いなかろう。また後に述べるように、遅くとも六世紀後半には斎王の派遣があったことからすれば、すでに伊勢に皇祖神を祭る神宮が存在したことも否定できないと思われる。ではその主神は何かといえば『日本書紀』に天照大神とともに散見する「日神」、すなわち太陽神であったと思われる。それが伝承のように都から伊勢に遷されたのか、もともとと伊勢地方南部の地方神であったのが国家神に昇格したのか説が分かれることになる。

ここで伊勢に関わる伝承をふたたび見てみよう。神武即位前紀に「神風《かむかぜ》の伊勢の海」、『伊勢国風土記』逸文に「古語」では「神風の伊勢の国、常世《とこよ》浪《なみ》寄する国」とある。垂仁紀二五年三月丙申条にもほぼ同文が見える。また『万葉集』巻三―三〇六番には「伊勢の海」が歌われている。一方、神宮が存在した「度会」に関しては、神功皇后摂政前紀（仲哀天皇九年）に「神風の伊勢国の百伝《ももづた》う度逢県《わたらいあがた》の拆鈴《さくすず》五十鈴宮に所居《ま》す神」、そして「皇太神宮儀式帳」には「百船《ももふね》乎《を》度会国」とあり、大宮地として「朝日来向う国、夕日来向う国、浪の音聞こえぬ国、風の音聞こえぬ国、弓矢鞆《とも》の音聞こえぬ国」とあり、宇治土公《うじのつちのきみ》らの遠祖《とおつおや》の太田《おおた》命が国名を答えている。

これらのことからすれば、伊勢国は神風が吹き常世の浪が寄せる海のイメージがあり、「度会県（国）」は「百船」とあるように、やはりたくさんの船が浮かぶ海のイメージであった。しかし、「度会国」に関しては、修飾語ではあるが波の音や風の音が聞こえない国で、さらに「朝日来向う国」「夕日来向う国」とあるように、静謐で日当たりの良い国とある。この「朝日来向う国、夕日来向う国」は、神話伝承ではたとえば日向とか他地域にもみえ、日と関係する日当たりが良い地は度会国のみに関係する事柄ではない。これらのことは太陽信仰が、南伊勢の地域に特別に存在したわけでもないことを示していよう。

皇祖神の移動過程は、『風土記』に見える伝承などによって明らかなように、神が降臨場所へすぐに辿り着かない移動過程を示す一つの伝承技巧パターンであるが、大王(天皇)家の意図として度会郡の五十鈴の川上の地を「聖地」としたことは、その後の歴史的過程から見ても疑えないように思われる。

むしろ、たとえば天武紀七年春に斎宮を倉橋の「河上《かわかみ》」に建てたとあるように、好き地の条件は五十鈴川の「河上《かわかみ》」であった点が大きいと思われる。清浄な「河」の上流に降臨する(した)神こそが皇祖神の高木神(後に日神)であったと思われる。雄略天皇が葛城《かつらぎ》神を避けた伝承からわかるように、また崇神天皇が大神《おおみわ》山の大物主神を大田田根子《おおたたねこ》(大三輪《おおみわ》氏の始祖)に祭らせた伝承のように、ヤマトの古い神々を拝む有力氏族の中で、大王家がぬきんでたカミを祭るには、ヤマト以外の「聖地」を捜す必要があったのであろう。いわば大王家の始祖神として日本列島の最高唯一神(高木神、のちに日神・天照大神)の祭りの場として捜した末に選ばれた「聖地」が、度会国(郡)の五十鈴川の河上であった。大王家がヤマトの諸氏族の奉斎神を越える最高唯一神を希求した結果、太陽の出る東という要因、軍事的に東国に伸びる道筋の近辺という要因、もちろんそこに在地の太陽信仰があったことなどが合わさって候補地として選ばれたので、その要因はこれまで言われているように一つではなかったと思われる。

在地の神としての登由宇気大神

一方、先に触れた『古事記』の登由宇気神は、これまた先に触れた「止由気宮儀式帳」に等《と》由気《ゆけ》（記の登由宇気と同じ）大神《おおかみ》と見え、雄略天皇の夢に食事を安心して食べることができないので、丹波国の比治の真名井から御饌都神《みけつかみ》である等由気大神を私の元によこして欲しいというお告げがあり、度会の山田原に宮を定め、御饌殿を造り皇大神の朝夕の大御饌に奉仕したという伝承がある。

これも丹波国から度会に実際に遷したのか、もともと伊勢地方南部の地方神なのかで説がわかれる。前者の場合、『丹波国風土記』逸文（『古事記裏書』『元元集』）に丹後国丹波郡比治里の比治山頂の麻奈井《まない》伝承があり、そこに竹野郡奈具《なぐ》社に坐《いま》す豊宇加能売命《とようかのめ》とあるように、丹波国比治の真奈井から等由気大神を要請したという「止由気宮儀式帳」の伝承と地理的に合致する部分がある。

ただその場合一番問題なのは、豊宇加能売命が女性神であるのに対して、登由宇気大神は性を超越した神で、まったく同一神ではないと言われている点である。そして、等由気大神の要請伝承は、「止由気宮儀式帳」にしか見られないということである。もし『丹波国風土記』逸文の伝承の神を参考にするならば、なぜ豊宇加能売神にならなかったのであろうか。また内宮の神戸のように、丹後（丹波）に神戸が置かれた形跡がない。登由宇気大神は穀物神であるが性別を超えた、いわば大王家の皇祖神への御饌奉仕のための穀物神に昇華した神なのである。このことは、神宮側で伝えられた伝承というより、神宮側で作られた伝承であることを逆に思わしめる。

すると『古事記』に登由宇気神は度会に坐すとあるところから、やはり在地の氏族である度会氏の奉祭神を基点に考えるべきであろう。先に述べたように登由宇気は「豊食物《とようけ》」の語義が考えられているところから、度会氏が祭っていたカミは、もともと外宮周辺の広大な稲田の穀物神であったのであろう。皇祖神の高木神(のちに日神)を五十鈴川の河上に設定した大王家は、都から遠く離れた地故に日々御饌を捧げ奉仕できないという矛盾が起きたのである。その解消法が内宮近くの在地の穀物神を登由宇気神として位置づけ、それを奉祭してきた度会氏に奉祭させるという方法だったのであろう。

ただその場合、先に見た丹波国の勧請元の比治の真奈井に坐す豊宇加能売神という穀物神の存在が参考となった可能性はあろう。なぜなら儀式帳作成のおり、天照大神がヤマトから五十鈴の川上に移った伝承があるのに対して、登由宇気神も遠方から遷った伝承で揃えるために作られた可能性があると考えるからである。さらに登由宇気大神が丹波国という遠方から勧請されたた伝承というのは、言われているように先に見た倭姫命の母が、丹波道主王《たにはのみちぬしのきみ》の娘 五《いつたりのおみな》婦人のうちの日葉酢媛命《ひばすひめ》(垂仁天皇の皇后)という伝承(垂仁紀一五年八月壬午条)と関連する可能性がある。天照大神の御饌神としての権威を高めるため、貴神は遠方よりやってくるという神話的技法が

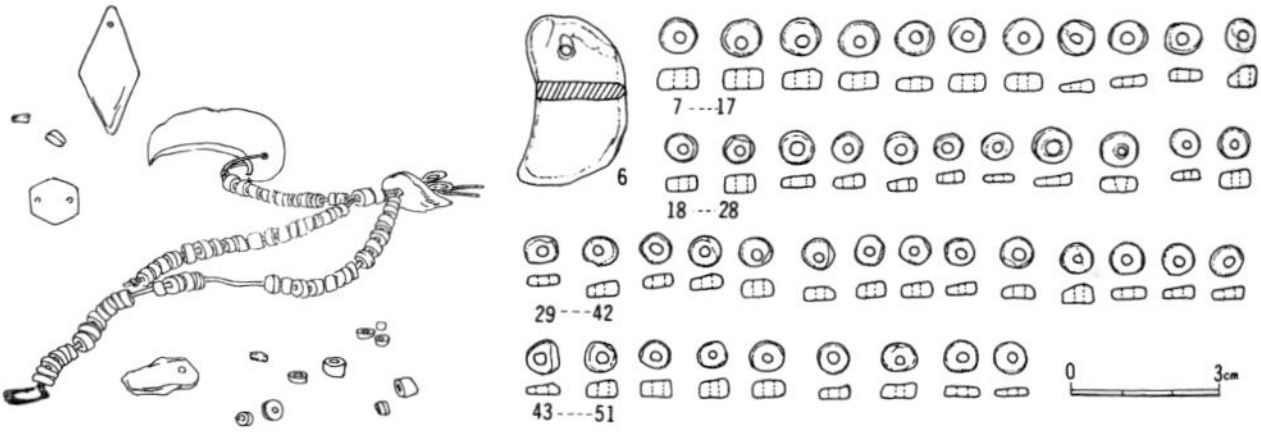

荒祭宮北方宮域発見の滑石製模造品

採られたのであろう。

先にも述べたように、神が到着地点の居場所を指定することは『風土記』などの伝承を見ればよくある話で奇異なことではない。この場合も、神の到着地を基点として出発点を遠くに置く神話的技法が採られていると考えられる。

考古学・建築学から見た神宮成立

以上のように、文献的に神宮の成立を決定するには限界があるが、これまで考古学の遺物から伊勢神宮の成立を論じる方法もとられている。そのうちのいくつかを紹介してみたい。

中でも重要なのが、かつて内宮神域の荒祭《あらまつり》宮北方宮域から発見された、五世紀代に遡る滑石製模《かっせきせいも》造品《ぞうひん》である（『神都名勝誌』四など）。これと関連して、荒祭宮の立地部分が湧水点祭祀を形成する古墳時代祭祀遺跡と想定し、五世紀後半頃ヤマト王権が祀る祭祀施設として整備された場所が、現在の内宮の地とする見解がある。その他、神宮神宝の玉纏大刀《たままきのたち》が古墳時代以来の和装大刀《わそうたち》に由来すると言われており、また外宮の南裏山の高倉山《たかくらやま》古墳は、出土遺物から六世紀末から七世紀初頭頃と見られる南伊勢地域を代表する円墳で、東海地域最大の横穴式石室を有することで有名である。そこからは、玉纏大刀の付属品である石製三輪玉《みわだま》などが出土している。

また、鳥羽市神島の八代《やつしろ》神社所蔵品の紡績具が神宮神宝と関係が深いことや、画文帯神獣《がもんたいしんじゅう》鏡《きょう》の伝世時期などが論じられているが、伝来経緯が不明なことが気になる。これらの遺物や遺跡は、神宮が古墳時代と関わる物を実に多く有していることを示している。そこで、それらを離れて古墳の築造経緯を中心に考古学的資料を総合的に判断し、ヤマト王権と伊勢南部地域が強く結ばれる時期を六世紀後半以降とする説もある。ただ、これも神宮成立の下限とはなるが上限がどこまで遡るかであろう。このように、考古学遺物・遺跡あるいはその解釈をもってしても、神宮自体の成立年代比定の論拠とするには課題が残っていると思われる。

一方、建築学の立場から、近年奈良県の桜井市で発見された纒向《まきむく》遺跡の棟持《むなもち》柱建築（近接棟持柱建物）を含む四棟の建物跡を、崇神紀記述に結びつける説が出され、棟持柱建物Cを宝鏡が納められていたクラとし、伊勢神宮正殿類似の形態に復元している。復元図に関しては建築学からの方法に基づいており参考となる点が多い。しかし、これまで述べてきた伝承的要素を含む崇神紀の記述を遺構に直接反映したものであり、これまでの記紀批判をどのように理解するかも含めて、今後慎重な議論が必要であろう。ちなみに神宮正殿の上部構造は、古い時代、現

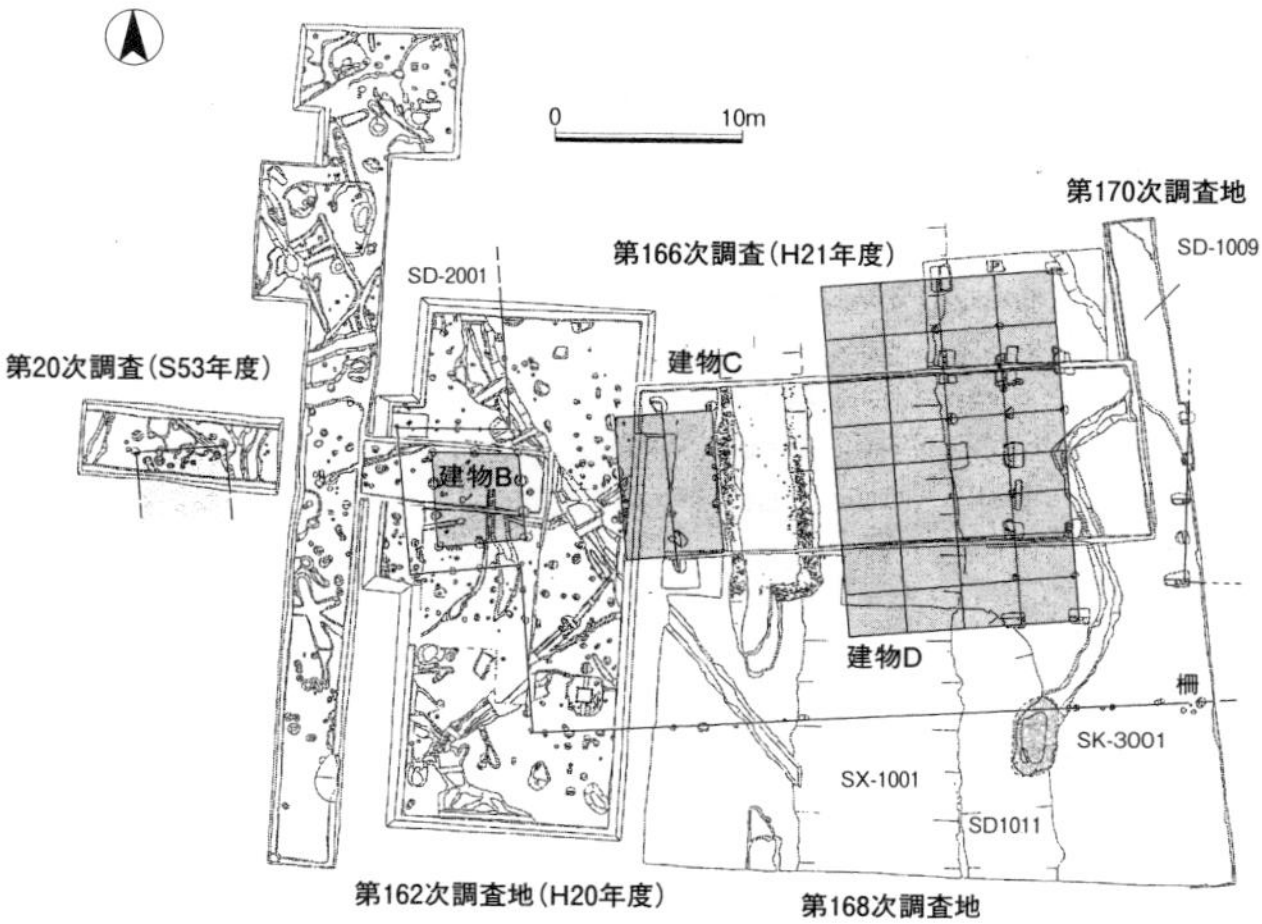

纒向遺跡遺構配置図

在の外宮の御饌殿《みけでん》に残る板校倉《あぜくら》形式であったとも推測されている。

以上のことからすれば、現在の神宮の神域から棟持柱建築の遺構が出土し、遺物からその年代が確定されたとき、初めて神宮成立の大きな論拠になると言える。しかし、現在も神宮は神聖な信仰の対象であり、かつ神宮の立地場所は二〇年に一度とは言え何度もほぼ東西の敷地で遷宮をくり返しており遺構の重複もかなりあろう。今後に残された課題は実に多い。

斎王のはじまり

伊勢神宮の成立を考える上で、斎王・斎宮の成立の問題も考慮する必要がある（38頁の表）。

『日本書紀』に見える伊勢斎王(斎宮)一覧(伝承を含む)

天皇	斎王	父	母	卜定	退下
崇神	豊鍬入姫命	崇神		崇神 6	垂仁 25
垂仁	倭姫命	倭仁		垂仁 25	景行 朝
景行	五百野皇女	景行		景行 20	
仲哀	伊和志真皇女	仲哀			
雄略	稚足姫皇女	雄略	葛城韓媛		雄略 3
継体	荳角皇女	継体	麻績娘子		
欽明	磐隈皇女	欽明	蘇我堅塩媛		
敏達	菟道皇女	敏達		敏達 7.3	
用明	酢香手姫皇女	用明	葛城広子	用明 元	推古 29
天武	大来皇女	天武	大田皇女	天武 2.4.14	朱鳥 元.9.9
持統	—	—	—	—	—

先に見た『日本書紀』の伝承をもう一度ふりかえってみよう。伊勢神宮に落ち着く前、崇神天皇六年天照大神を豊鍬入姫命に憑依させ、倭の笠縫邑に祭り神籬《ひもろぎ》を立てたといい、垂仁天皇二五年今度は倭姫命に憑依させ大神の鎮座地を求めて、菟田《うだ》の篠幡《ささはた》から近江国に入り、東の美濃から伊勢国に到っている。その時、天照大神は倭姫命に伊勢国に居たいと思うと述べ、その教えの通り「祠《やしろ》」を伊勢国に建てた。そして「斎宮《いつきのみや》」を五十鈴の川上に建て、これを磯宮といい、ここが天照大神の初めて天から降られたところであるという。

ここでの両命は天照大神を憑依させ、また鎮座場所を移動する依代として伝承的に描かれている。景行天皇二〇年二月には、天皇の妃の娘五百野皇女《いおののひめみこ》を遣わして天照大神を祭らせるとある。一見、斎王制度が始まったように見えるが、同四〇年一〇月には垂仁紀二五年に斎宮を建てたとされている倭姫命が、ふたたび伊勢神宮で日本武尊《やまとたける》に草薙剣《くさなぎのつるぎ》を与える役割で登場する。これは素戔嗚尊が八岐大蛇《やまたのおろち》から得た剣を高天原の天照大神に献上し、それが後に熱田神社の御神体の草薙剣となるため、論理上天照大神が降臨した伊勢神宮にあることを示すため挿入した伝承であろう。

その後、雄略朝に稚足姫皇女《わかたらしひめ》（またの名は栲幡姫皇女《たくはたひめ》）が伊勢大神の「祠《やしろ》」に侍った、とある（元年是月〈三月〉条）が、括弧の中のまたの名は神話の高皇産霊尊の娘栲幡千千姫《たくはたちぢひめ》皇女と類似している。さらに、栲幡姫皇女は廬城部武彦《いおきべのたけひこ》により汚されたという阿閉臣国見《あへのおみくにみ》の讒言《ざんげん》により、神鏡を五十鈴の川上に埋め自殺したが、川上に虹が出て神鏡を得て皇女の屍から潔白が証明されたと伝える（三年四月条）。そして、継体朝には荳角皇女《ささげ》が伊勢大神の「祠《まつり》」に侍ったとある（元年三月癸酉条）。また、欽明朝には磐隈皇女《いわくま》（またの名は夢皇女《ゆめ》）が初め伊勢大神に侍り祭っていたが、後に茨城《うまらき》皇子に汚され解任されたとある（二年三月条）。また敏達朝にも、菟道《うじ》皇女が「伊勢の祠《まつり》」に侍ったが、池辺《いけべ》皇子に汚されたのが発覚し解任されたとある（七年三月条）。

このように、雄略朝から敏達朝にかけて伊勢大神の「祠《やしろ》《まつり》」に侍るとあるように、斎宮ではなく「祠」に侍っていたように描かれている。しかも栲幡皇女は武彦に姦された讒言があり、磐隈皇女も菟道皇女も皇子に姦されるなど、とても聖域とは思えないような記事が続く。

一方、『古事記』では崇神朝に豊鉏入日売命が、垂仁朝に倭比売命が伊勢大神の宮を拝《いわ》い祭り、景行朝には倭健《やまとたける》命が伊勢大御神《おおみかみの》宮に参入し、神の朝廷を拝み姨倭比売《おばやまとひめ》命に会い、そこで草那芸《くさなぎ》剣と御嚢《みふくろ》を授けられたとあり、継体朝に佐々宜郎女《ささげのいらつめ》（王）が伊勢神宮を拝った記事しかない。景行朝の伝承を除けば、伊勢（大）神宮で祭ったとあるだけである。『古事記』に豊鉏入日売命・倭比売命を除いて継体朝の佐々宜郎女（王）しか記されなかったのは、景行紀の五百野皇女（四年二月甲子条に三尾氏磐城別《みおのうじのいわきわけ》の妹《いろも》水歯郎媛《みずはのいらつめ》の子とある）を除くと、他の皇女が姦されるなど好ましくない伝承を排除したためか、『日本書紀』と別系統の史料によったためであろう。しかしながら、荳角皇女の母は近江の息長真手《おきながまて》王の娘麻績娘子《おみのいらつめ》であり、継体天皇が越《こし》の出身で近江・尾張・美濃の諸氏族に支えられていたことはほぼ確かであろう。のちの斎王群行コースが近江を経たのはこれが伏線になっているという説もあるように、新王朝としてそれ以前から祭られていた大王家の皇祖神を祭ることは、王権祭祀を継ぐ者として重要な政策であったため記されたのであろう。これらのことからすれば、継体天皇の荳角皇女は実在性が高く、このことから遅くとも六世紀前半には皇祖神が伊勢大神に祭られており、斎王が「斎宮」に居着いていた可能性は高いと言えよう。そして、後の多気郡ではなく「斎宮《いつきのみや》」を五十鈴の川上に建てたという伝承、また栲幡皇女が神鏡を五十鈴の川上に埋めたという伝承からすれば、五十鈴の川上の伊勢神宮近くに近侍していたことを象徴的に記していると思われる。

第二章

律令制国家とともに

1　伊勢神宮と斎宮の確立

日神の祭祀

欽明・敏達朝と、二代にわたって皇女が伊勢大神に侍《はべ》ったが、次の用明朝でも酢香手姫《すかてひめ》が伊勢神宮に召され日神の「祀《まつり》」に仕えており、その記事の注によれば推古天皇の代まで奉仕し葛城《かつらぎ》に退き亡くなったとある(用明即位前紀・敏達紀一四年九月壬申条)。さらに注の「或本」によると三七年間日神に奉仕し自ら退いて亡くなったとあり、これは推古天皇三〇年(六二二)にあたる。酢香手姫皇女は葛城直《あたい》磐村《いわむら》の娘広子《ひろこ》の娘で三代にわたって日神に奉仕しており(用明紀元年正月朔条)、先の注のように葛城に退いた話や三七年間奉仕した話と合う。

酢香手姫皇女という名そのものは『古事記』に見えないが、用明記に当麻倉首比呂《たぎまのくらのおびとひろ》の娘飯女《いいめ》之子《のこ》を娶《めと》って生まれた子として「須加志呂古郎女《すかしろこのいらつめ》」の名が見えている。原史料の代をテと訓まずシロとよんだ記の誤りとする説があり、その可能性は高いであろう。そしてスカテヒメの祖父が用明紀では葛城直、用明記では当麻倉首ということからすれば、当麻は葛城市當麻《たいま》の地名であるので、葛城地域(当麻)の氏族の娘であったことになる。ちなみに用明紀元年正月朔条によれば、酢香手姫皇女には麻呂子《まろこ》皇子という兄弟がいて当麻公の先祖とある。また、ここでは日神とあり天照大神という固有名ではなく、記紀神話でも見られる古い呼び方をとっていることは、やはり注意されよう。

なお、敏達紀六年二月朔条によれば「日祀部《ひまつりべ》・私部《きさいべ》」が置かれている。私部は后妃一般のために置かれた品部が通説である。日祀部は日神の祭祀を掌《つかさど》る皇女に充てられた品部と見る説もあり、そうすると斎王との関わりが出てくるが、「日神祀部」でないことや、『後漢書』章帝紀の日祀法の注に「祖禰《そでい》」は日に祭るとあることから、毎日父や祖父の祭祀をする品部と見る説が穏当であろう。

しかし、推古天皇三〇年に酢香手姫が引退した後、次の舒明朝から天智朝にかけて日神の祭祀は疎遠になったようだ。次の舒明天皇は皇位継承争いから始まり、蘇我氏の権勢が強くなる。皇極紀四年正月条によれば、猿のうめき声のような音がしたが姿は見えないという怪異現象が記されており、同条の注に「旧本」にはこの年飛鳥板蓋《いたぶき》宮が難波に移る前兆としているが、時の人はこれを伊勢大神の使者であると言ったという話を載せる。等閑視されている神宮側からの抗議表現だったのかもしれない。六月には大化改新が起こり、孝徳天皇は仏法を尊び神道を軽んじたという（孝徳即位前紀）。

伊勢地域の神話伝承

このような、伊勢神宮における日神を祭る皇女（斎王）の記事が記紀に見えるものの、それが置かれた伊勢とはどのような地域であったのであろうか。

『伊勢国風土記』逸文（『万葉集註釈』）の伝承によれば、伊勢国は天御中主尊《あまのみなかぬし》十二世孫天日別命《あまのひわけ》が平定した国という。神武東征のおり、勅命を受け宇陀から東数百里のところにいた伊勢津彦という神に献上させた結果、伊勢津彦は東国へ立ち去り、神武は元の国つ神の名をとり伊勢といい、天日別命の封国としたという。伊勢津彦は国譲りのさい、風を起こし海水を吹き波浪に乗って東に入ろうと述べ、その通りであったので「古語」で「神風の伊勢の国、常世浪寄《とこよなみよ》する国」とはこのことを言うのかとある。神風は神武即位前紀・神武記に「神風の伊勢の海の」とすでに枕詞として謡われている。住んでみるとわかるが、伊勢地域は風が強いので神風が枕詞になるのであろう。なお、伊勢津彦は『先代旧事本紀』にその三世孫武彦が相武《さがみ》国造という記事があるが、先の東国へ立ち去ったことと関連させた伝承である。

天御中主尊は記紀神話に登場するが抽象的な神名であり、天日別命は記紀に見えない神名で、日は日神そのものとする説もあるが、別《わけ》とあるので日神の分神的存在を意味しよう。先の『伊勢国風土記』逸文に戻れば、神武東征のおり天日別命によい土地が「天津《あまつ》の方」、つまり天の港の方角にあり平定せよと命じられ、天皇の象徴としての剣を賜ったとある。伊勢彦ではなく伊勢津彦とあるように、やはり東の伊勢の津の平定に対して神武の象徴の剣を与えて国譲りを求めて派遣されるというのは、伊勢の津(港湾)が東国への要だったことを象徴しているのであろう。そして、以上二つの伝承により、ヤマトから東国に抜ける道筋として伊勢が重視されていたことがわかる。

なお、『先代旧事本紀』の国造本紀によれば、伊勢国造は神武朝に天牟久怒命《あまのむくぬ》の孫天日鷲命《あまのひわし》を国造としたとあるが、国造制は六世紀の制度とすることが現在有力であるので、この記事が神武朝の実態を描いたとは認められない。また、天日鷲は粟国忌部《あわのくにのいんべ》遠祖とあり(神代紀宝鏡開始章)、直接に伊勢地域と関係するわけではなく、その後伊勢国造が活躍する記事もない。ちなみに、神宮側史料の「皇太神宮儀式帳」には、垂仁朝のこととして伊勢桑名野代宮に移ったとき伊勢国造の遠祖建夷方《たけひなかた》に国名を質問しているが、建夷方も他に見えず存在感がない。

大化前代の伝承

伊勢地域の大化前代の伝承で注目されるのは、雄略朝に散見する氏族伝承である。

とりわけ雄略紀一八年に伊勢朝日郎《あさけおとこ》の討伐伝承があるが、伊勢朝日郎は伊賀の青墓《あおばか》で官軍と対峙《たいじ》したとあり、また朝日郎を討った官軍側の物部目連《めのむらじ》に対し、勝ち取れなかった物部菟代宿《うしろ》祢の所有する猪名部《いなべ》を与えた記事がある。朝日が朝明《あさけ》郡と関係する氏族名なら北伊勢の氏族のイメージであり、猪名部は員弁《いなべ》のことであろうから、やはり北伊勢の氏族による伊賀地域を舞台にした反乱伝承であろう。

また、雄略紀三年には先に述べたように阿閉臣国見《あへのかみ》が、湯人《ゆえ》（皇女の養育係）の廬城部《いおきべ》連武彦が栲幡皇女を妊娠させたという讒言を行い、武彦の父枳莒喩《きこゆ》が身に災いの及ぶのを避けるため息子を廬城《いおき》川で殺したことが見えている。廬城川は一志郡の雲出《くもず》川に比定されており、大和から伊勢に抜ける際の一つの重要河川であった。また、仁徳紀四〇年二月条に隼別《はやぶさわけ》皇子が、仁徳天皇皇后の妹雌鳥《めとり》皇女と密通し伊勢神宮に逃げ込もうとし伊勢蔣代野《こもしろのの》で殺され、やはり廬杵《いおき》川の辺で埋葬された記事がある。

後者の二つの記事は伝承であるが、大和から伊勢神宮に行くおり廬城（杵）川沿いに降る道筋があったことを暗示している。また、「皇太神宮儀式帳」には田辺神社（式では田乃家《たのへ》神社）の四至として東は五百木部浄人《いおきべのきよひと》家を限るとあり、田辺神社は現在度会郡の城田《きだ》郷に比定されていることからすれば、イオキベ氏は神宮から宮川を隔てて西側に住んでいたことになり、先の栲幡皇女事件との関係も想起される。阿閉臣も断定しがたいが、伊賀国阿拝《あへ》郡を本拠とするならば、これは中・南伊勢と伊賀の氏族が絡む争いということになろう。なお、先にも触れたが、栲幡皇女が五十鈴の川上で縊死したことは、五十鈴川上に伊勢大神の「祠《やしろ》」があったことを想定させるし、神鏡が天照大神の象徴である八咫鏡だとすると斎王的女性は神鏡と緊密であったこと、つまり斎王は伊勢神宮の近くにいたことを象徴して描いているのであろう。

その他、大化前代の伊勢地域の氏族を列挙すれば、綏靖《すいぜい》即位前記に綏靖天皇兄の神八井耳《かむやいみみ》命が伊勢船木直の祖とあり、孝昭記に伊勢飯高《いいだか》君・壱志君、開化記に佐奈《さな》造、景行記に伊勢之《の》別《わけ》・伊勢刑部《おさかべ》君、崇神紀七年に伊勢麻績《おみ》君、雄略紀一四年には伊勢衣縫《きぬぬい》、同紀一七年には贄土《にえのは》師部《じべ》が見え、中でも伊勢飯高君や伊勢麻績君は奈良時代にも見える氏族である。さらに継体紀九・一〇年には物部伊勢連（物部至至《ちち》連）、宣化紀元年には新屋《にいのみ》連、敏達紀四年・敏達記には伊勢大鹿《おおが》首、皇極紀二年には伊勢阿部が見えており、これらの氏族のうち連・首姓は当時の伊勢と関わる有力氏族の可能性が高い。

一方、「皇太神宮儀式帳」によれば、垂仁朝の倭姫内親王の巡幸ルート中に、国名問いの中で先に見た伊勢国造の他に河俣《かわまた》県造・安濃《あの》県造・壱志県造・飯高県造・佐奈県造・竹《たけ》首・宇治《うじの》土公《つちのきみ》の氏族名が見える。ヤマト王権時代に地方行政組織として国造が置かれていたが、県という組織も存在し県主がその首長であったこともよく知られており、これらのことからすると県造が県の首長的名称であることは十分に推定される。『続日本紀』天平一四年（七四二）四月甲申条に伊勢国飯高郡の采女《うねめ》飯高君笠目《かさめ》の親族県造すべてに、飯高君の姓を賜ったとあり、ここから飯高県造の存在が言え、開化記ではあるが佐奈造も佐奈県造のことと通じるところから、他の県造の存在も推測できる。ただその成立や実態など不明なところが多いが、伊勢神宮との関わりの中で置かれた可能性は高いであろう。竹首や宇治土公は首や公という姓から多気地域や宇治地域の首長を表しており、特に宇治土公は宇治大内人として伊勢神宮と深い関わりをもっていたことは、次章2で述べてみたい。

公郡(評)化のなかの神宮

「皇太神宮儀式帳」によれば、次のような神三郡の由来が記されている。

垂仁朝以来孝徳朝まで有爾鳥墓《うにのとつか》村に神庤《かんだち》を造り、いろいろな神政所《かんまつりどころ》として奉仕し、孝徳朝に度会山田原に御厨《みくりや》を造り、神庤を改め御厨また大神宮司と号した。孝徳朝には「天下立評」のおり、十郷《とさと》を分け度会山田原に屯倉《みやけ》を立て、また十郷を分け竹村に屯倉を立て、近江朝廷の甲子年に多気郡四郷を割いて飯野高宮《たかのみや》村に屯倉を立て公郡とした。

この記事によれば、古く有爾鳥墓村にあった神庤(神政所)を、孝徳朝に度会山田原に遷し、御厨(大神宮司)と号し屯倉も置かれたらしい。つまり、公郡(孝徳朝では後述するように「評」)化の中に伊勢神宮もとりこまれ、朝廷の屯倉と神宮管理所が度会郡山田原に揃ったことになる。山田原とは外宮が置かれた場所でもある。つまり孝徳朝には度会郡(評)山田を中心に、評行政と神宮管理が行われたことになる。なお、公郡(評)とは後の神郡のことである。

ちなみに、『日本書紀』の大化改新記事はコオリの漢字を「郡」と記していたが、藤原宮木簡の出土により、大宝令施行以前のコオリの漢字は「評」であったことが明らかとなっている。右記事はコオリを「評」と記した数少ない文献史料として、注目されてきた記事でもある。その意味でかなり信頼できる記事と考えられるが、そこにはさらに、孝徳朝に度会評の督領《こおりのみやつこ》(長官)には新家連阿久多《あくた》、助督《すけのみやつこ》(次官)には磯連牟良《むら》が、竹(多気)評は督領(長官)には麻続連《おみのむらじ》広背《ひろせ》、助督(次官)には磯部真夜手《まよて》が奉仕したとあり、神庤司は中臣香積《かつみ》連須気《すけ》が奉仕し、天智朝には飯野評の督領に久米勝麻呂《かつまろ》が奉仕したとある。

ここに見える氏族として、度会評督領の新家連は、宣化紀元年に天皇の命令で物部麁鹿火《あらかひ》が派遣して、新家屯倉の穀を那津《なのつ》(福岡市博多湾)に運ばせた氏族である。しかし、新家の本拠は現在の一志郡新家村に比定されるとすれば、実力者ではあるが度会評に盤踞《ばんきょ》していた氏族ではなく、壱志評から抜擢されたものと思われる。一方、度会・多気評の次官磯部氏こそ在地の氏族といえよう。なお、久米氏もその後飯野評の氏族として姿を見せないが、久米部は後に桑名郡野代《のしろ》・「猲原」郷にその名が見える(『正倉院寶物2　北倉II』)。

以上のことからすれば、度会評の磯連氏と多気評の麻続連・磯部氏が在地有力氏族となろう。付け加えれば、第三章2で述べるように内宮は荒木田神主氏が、外宮は度会神主氏が祢宜職を担当しており、内宮には先に述べた宇治土公氏という氏族がいた。

なお、少し時代は降るが、『続日本紀』文武天皇二年(六九八)九月朔条に麻続豊足《とよたり》・大贄《おおにえ》と服部連《はとり》佐射《さざ》・功子《くうし》をそれぞれ氏上・助とした記事があり、九月の神衣祭《かんみそ》を前に神宮祭祀に関わる氏族内の秩序を確定したこととともに、両氏族の存在もわかる。したがって、度会評・飯野評には単独の国造的な巨大氏族がいなかったことになる。これも、伊勢神宮がそこに設定された理由になると思われる。

造替式年遷宮の成立

天武天皇が壬申の乱のおり、六月丙戌（二六日）の朝に朝明郡迹太川《とお》（朝明川、米洗川など説がある）あたりで天照大神を望拝した（『日本書紀』）ことは有名である。安斗智徳《あとのちとこ》日記（『釈日本紀』）は壬申の乱に従軍した智徳の日記でもあり信頼性が高いが、辰時（午前七時～九時）「拝礼」とだけ記されており、天武が伊勢神宮の方角を向いて望拝したかどうかは不明である。ただ「朝明郡」で朝に「朝日」（太陽神である天照大神）を拝むことはやはり意図的な行為と言えよう。先に述べたように、雄略天皇一八年に起こった伊勢朝日郎の反乱伝承（『日本書紀』）の朝日も、朝明の地名から来ていると思われる。

ところで、『日本書紀』に見える「天照大神」は、先に見た神話学の成果では律令国家成立以降（八世紀～）と捉えられているが、七世紀後半の持統朝に飛鳥浄御原令が存在したことは確かであり、天武朝からの『日本書紀』編纂の過程、また記紀神話の編纂の歴史を考えれば、この頃「日神」から「天照大神」（アマテラス）への転換が行われたと想定してもよいであろう。そして、壬申の乱の勝利により天武のその後の天照大神および伊勢神宮の重視につながったことは、やはり迹太川からの「拝礼」を起因と考えるべきであろう。

なお、『雑事記』第一には、白鳳《はくほう》一四年乙酉（白鳳は公的年号ではなく、干支と内容から天武天皇一四年に該当する）初めて伊勢神宮に神宝二一種が納められ、中・外院の殿舎・御倉や四面重々の御門・鳥居などが初めて作り替えられ、二〇年に一度新宮造替し遷御するのが長例となり、これ以前は破損の時に宮司が修補させていたという。同様の記事が朱鳥三年己丑（持統天皇三年〈六八九〉）にもあり、持統天皇四年に大神宮遷宮、同六年に豊受大神宮遷宮の記事があり、同三年六月には飛鳥浄御原令を諸司に班《わか》ったことからすれば、持統天皇三年記事に重きを置くべきかもしれない。

『雑事記』は、序章で述べたように平安時代以前は注意すべき史料であるが、物事の始原を古く記す傾向からすれば、持統朝に二〇年に一度の新宮造替（式年遷宮）が始まったことは否定することもなかろう。天武紀一〇年正月に畿内および諸国の「天社・地社の神宮」を修理させたとある記事も参考となろう。

斎王大来皇女

壬申の乱で大海人皇子が勝利し、天武が天皇となった二年(六七三)四月、大来《おおく》皇女は「天照太神宮」に侍《はべ》ることになり泊瀬《はつせ》斎宮(桜井市初瀬)で身を浄めており、翌年一〇月に伊勢神宮に向かったとある。律令制では斎王に決まると初斎院に入り、野宮で潔斎をほぼ一年間過ごしようやく伊勢に参入できるが、ここでも飛鳥浄御原宮から泊瀬斎宮に入り潔斎を行ったことがわかる。大来は天武が亡くなった年(六八六)の一一月に都に戻ったとある(持統称制前紀〈朱鳥元年〉一一月壬子条)。その前月に大津皇子謀反が発覚するという事件があり、『万葉集』巻一─一〇五・一六三には大来皇女による弟大津皇子が秘かに伊勢神宮に来ていたときの歌や、大津皇子が亡くなった後に伊勢の斎宮から上京したときの歌などがある。これらのことからすると、父天武の死が主要因だが、謀反人の姉ということも解任に影響したであろう。

ここに見える大来皇女を、いわゆる恒久的に皇女を派遣する、制度的な斎王の始まりとすることはほぼ妥当と思われるが、伊勢神宮しか出てこず斎宮は見えていない。伊勢神宮の近辺に斎宮があったのか、あるいは多気郡に存在していたのか不明であるが、後に述べるように近年斎宮史跡西部から飛鳥時代の掘立柱《ほったてばしら》建物などが検出されだしている(93頁の図参照)ので、そこに建てられた可能性も見えてきた。今後の発掘調査を俟《ま》ちたい。

さて、天武天皇四年二月に十市《とおち》皇女・阿閉《あへ》皇女が伊勢神宮に参詣しており、同七年春に天神地祇を祭るため斎宮を倉橋（桜井市）の川上に建て、四月の早朝に天皇が行幸しようとした矢先、十市皇女が突然宮中で亡くなり、行幸は中止となり神祇の祭りはできなかったとある。この斎宮はイハヒノミヤと訓み、斎王が斎くイツキノミヤではないが、神祭りの斎宮が川上に建てられていることは、臨時にせよ斎宮の位置を考える場合重要である。

大来が伊勢を離れる前の天武天皇一五年（六八六）四月二七日、多紀皇女・山背《やましろ》姫王・石川夫人が伊勢神宮に派遣されており五月九日に伊勢より戻っている。天皇の病気平癒祈願とする説もあるが、天武は同月二四日に初めて熱にうかされたとあるのでその可能性は低い。このうちの多紀皇女は天武と宍人大麻呂《ししひとのおおまろ》の娘櫢媛娘《かじひめのいらつめ》との娘で、後の文武天皇二年九月に次の斎王となっている。

しかし、天武亡きあと即位した持統天皇は斎王を伊勢神宮に派遣しなかった。その理由は不明である。持統は皇女であり女帝であるので斎王を置く必要がなかったという説明もできるが、そうすると毎年の神宮祭祀のおり斎王の奉仕はなかったことになり、斎王の役割が問われるであろう。皇祖神を祭る役割の斎王派遣制度を天武が再開したにもかかわらず、それを中止したというのは、基本的に代替わりと連動した斎王派遣制度自体が未だ流動的であった可能性もある。

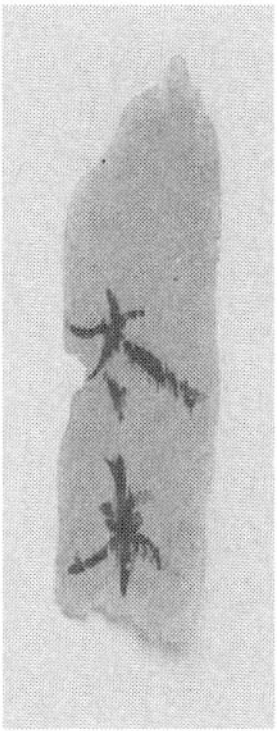

「太来」木簡
（レプリカ）

持統天皇の伊勢行幸

持統天皇六年(六九二)三月、約二週間にわたる伊勢・志摩行幸が行われた。しかし、持統が伊勢神宮を訪れた記事はない。この時の行幸の歌が『万葉集』に何首か残されているが神宮の歌はなく、三月一七日条によれば通過地の神郡および伊賀・伊勢・志摩の「国造」らに冠位を与えた記事しかないことからすれば、持統は神宮に立ち寄らなかったと考えた方がよかろう。天武が重視した伊勢神宮に参らなかったことは、記紀の伝承で天照大神をヤマトから遠ざけたように、天皇が神宮に直接拝礼しないという慣例がこの当時もあったことを示していると言えよう。

行幸から戻ってしばらく経った閏五月、伊勢大神から天皇に伊勢国の今年の調役を免除したが、二神郡の赤引糸《あかひき》三五斤を来年の分から差し引くよう奏上があった。これはすでに今年分の調役を収めていたためで、赤引糸は収納したあと(式では五月三〇日に収納)のため、来年分から免除したいということであろう。六月の月次祭に使用する赤引糸が問題になったと思われる。ちなみに、赤引糸は「調《つきのさき》先糸」とも呼ばれ、伊勢国の神郡から貢納される糸名で、夜が明けていくまさに薄明かりの太陽の照り輝く光の色をさし、太陽神天照大神への奉納品にふさわしい名称であった。このような人民負担に関する話を、伊勢大神が天皇に奏上するというのも世俗的であり、明らかに神郡の在地有力者が何らかのルートで伊勢大神の託宣と称して奏上した可能性があろう。ちなみにその約三週間前、使者が伊勢大神に新宮(藤原宮)のため奉幣を行っていたことも、その契機となったかもしれない。先の奏上記事は大化に設定された二神郡(実際は評)が見えており、また神宮祭祀(月次祭)が行われていたことも窺える貴重な記事である。

さて、五月には藤原宮遷都を告げるため伊勢・大倭・住吉・紀伊大神に、一二月には大夫らが新羅調を伊勢・住吉・紀伊・大倭・菟《う》名《な》足《たり》に奉じている。このような国家的な目的のため、伊勢神宮を始めとする有名な神社名を挙げ、奉幣あるいは奉物する記事はそれまでなく、また伊勢神宮を畿内および畿内近辺神社の筆頭に掲げてある点も注目される。なお、『万葉集』に柿本人麻呂が高市皇子尊の城上《きのえ》の殯宮《あらきのみや》で作った巻二―一九九の歌がある。高市皇子が壬申の乱のおりの奮迅ぶりを歌ったのち「渡会《わたらい》の　斎宮《いつきのみや》ゆ　神風に　い吹き惑わし　天雲を　日の目も見せず　常闇《とこやみ》に……我《わ》が大君　皇子の御《み》門《かど》を　神宮《かむみや》に」という表現がある。神風にかかる枕詞として「渡会の斎宮」が使用されているが、高市皇子が亡くなった持統天皇一〇年(六九六)の歌とすれば先に述べたように斎王は派遣されておらず、度会の斎宮とは伊勢神宮を想定していると思われ、また後者の「神宮」は殯宮を指して使用されている。これが当時屈指の万葉歌人の「神宮」認識なのであろう。

多気大神宮とは何か

文武天皇が即位した翌二年(六九八)九月一〇日、当耆《たき》皇女が「伊勢斎宮」に派遣された。ところが、一二月二九日多気大神宮を度会郡に遷した記事が見える。大神宮と称する例が伊勢神宮以外に八幡大神宮くらいしか『続日本紀』に見えず、多気大神宮は、わずかにこの一例しかないため実態が不明で、さらに神宮側史料にも見えない宮名である。したがって、外宮説・皇大神宮(内宮)説・多気大神宮司説・滝原の地説などさまざまな憶測を呼んでいるのが現状である。外宮・内宮と捉える説は、『日本書紀』や両宮儀式帳の鎮座伝承記事を否定することになり、両宮の鎮座伝承には多気にいつ鎮座したかという記事もないことなど、その理由を説明するのが難しい。多気大神宮司の「司」字の誤脱説は、やはり最終的に考えるべき方法であろう。

このような点からすれば、多気大神宮とは多気の大神の宮、つまり多気地域の(伊勢)大神の宮という解釈と多気大神の宮という解釈に分かれる。後者の多気大神と名乗るような神は史料にないが、滝大神の宮とすれば滝原宮(式では度会郡)の名称が近く、もともと滝大神宮と称されており、多気郡と度会郡の郡境にあったことが推測されるところから、このとき郡を越えて遷座されたということになる。

前者とすれば、多気地域の(伊勢)大神が鎮座する宮といえば、斎宮の可能性が高く、斎宮が祭っていた大神の宮か、大神を祭っていた斎宮の謂《い》いかということになり、この時それを度会の伊勢神宮に一元化したということになろう。

いずれにせよ、このように解釈できるならば、わざわざ多気大神宮という宮を、度会郡の元伊勢神宮あるいは元外宮と考える必要はないと考える。

律令に直接規定されない神宮

七世紀後半に伊勢神宮と斎王制度はほぼ確立したと言ってもよいが、その後の動きを見てみよう。大宝元年(七〇一)に大宝律令が制定され、日本は本格的な律令制国家の道を歩むことになるが、養老二年(七一八、あるいは養老年間〈七一七〜七二四〉)に新たに律令(養老律令)が撰定された。その養老令全体の中で、伊勢神宮に関しては「凡そ常の祀《まつり》の外に、諸《もろもろ》の社に向いて幣帛《みてぐら》供すべくは、皆五位以上の卜《うら》に食《あ》えらむ者を取りて充てよ。〈唯し伊勢の神の宮は常の祀も亦同じ〉」(〈　〉内は本注)と、本注部分に特記されているだけである。しかも、『続日本紀』天平二年(七三〇)閏六月一一日条に「制すらく、幣《みてぐら》を伊勢大神宮に奉《たてまつ》る者《ひと》は、卜《うら》に食《あ》えらむ五位已上を使に充てよ、六位已下を須《もち》いざれ」とあるので、令の伊勢神宮に関する本注部分は大宝令になかった可能性があり、養老令で付け加えられた可能性が高い。すると、大宝令文には伊勢神宮に関する直接の規定はなかったことになる。このことは、令に天皇の権限について直接規定がないことと軌を一にしていると言えよう。

また、養老賊盗律《ぞくとうりつ》には「凡そ大祀《だいし》の神御《じんご》の物を盗めらば、中流」の本注に「謂《い》わく、神御に供《ぐ》するをいう。大社の神宝も亦同じ」とある。この大社は、伊勢神宮のことを実質的に指している可能性もあるが、直接明示しているわけではない。

したがって、伊勢神宮そのものは大宝令に直接規定されていなかったので、奈良時代に伊勢神宮が実際どのように位置づけられていたかは他の史料から見るほかない。七世紀後半から見ていくと、文武天皇三年段階には南島からの献物を「伊勢大神宮及諸社」に、また奈良時代に入った慶雲三年(七〇六)には新羅調を「伊勢神宮及七道諸社」に奉っており、天平一三年(七四一)にも「伊勢大神宮及七道諸社」に使者が派遣されている。天平勝宝三年(七五一)の奉幣では「伊勢大神宮」と「畿内七道諸社」とに分けて記されている。また、天平宝字二年(七五八)にも「大神宮」と「天下諸国神社等」、宝亀八年(七七七)にも「伊勢神宮」と「天下諸神」、延暦七年(七八八)にも「伊勢神宮」と「七道名神」というように、伊勢神宮は他社と明確に区別され筆頭に挙げられる存在となっていたことがわかる。

持統朝に伊勢神宮の位置づけは明確になり、奈良時代には諸神宮・神社の中で別格扱いの頂点に位置づけられた伊勢神宮は、平安時代以降も日本歴史の中で特別な存在を誇示していく。その理由は、これまで述べてきたように、記紀の神話伝承に裏づけされた天皇の皇祖神天照大神を祭るということに他ならないであろう。

2　神宮の構造と神域

内宮の構造

律令は法の大綱を示すだけであり、その施行細則の詳細は式で整備されることになっていた。そこで、少し後の史料であるが一〇世紀前半に弘仁式・貞観式を集大成し完成した『延喜式』を見てみよう。『延喜式』巻五十のうち巻一から巻十まで神祇が占めており、その巻四が伊勢神宮に関する規定であり、他にこれだけの分量が割かれている神宮・神社はない。それだけでも、古代の朝廷にとって伊勢神宮の実質的な重要性がわかろう。

それによれば、伊勢神宮は二所大神宮とも呼ばれ、「大神宮」(内宮)と「度会宮」(外宮)から構成されることがまず明記されている(巻末付表1)。

大神宮三座は度会郡宇治郷五十鈴河上にあり、天照大神一座と相殿神《あいどの》二座が祭られていた。また、付表1・2のように別宮として六宮あり、大神宮の北に荒祭宮《あらまつり》一座(大神の荒魂《あらみたま》)・伊佐奈岐《いざなき》宮二座(伊弉諾尊《いざなき》一座・伊弉冉尊《いざなみ》一座)・月読《つきよみ》宮二座(月夜見命一座・荒魂命一座)、大神の西に遥宮《とおつみや》として伊勢と志摩の境の山中にあった滝原宮一座、その宮地内にあった大神の遥宮滝原並《ならび》宮一座、大神の南の志摩国答志《とうし》郡にある大神遥宮である伊雑《いざわ》宮一座、さらに大神宮摂社として神社二四座が付随していた。なお、荒祭宮は五別宮の筆頭であったが、他の別宮と異なり大神宮と同じく神衣祭《かんみそ》に預かる唯一の別宮であった。

神宮側の「皇太神宮儀式帳」では「伊勢大神宮」とも記すが、「天照坐皇大神宮」と呼び、祭神の「天照坐皇大神」は「天照意保比流売尊《あまてらすおおひるめ》」とも言うとあり、神宮では『日本書紀』に見える別称も伝えていたことがわかる。そして、これによると遅くとも『日本書紀』編纂段階には大神とだけ称されていたのが、「皇大神」と「皇」(スメラ)の字が付されている。皇とは最高の主権者を意味し、天皇のことも指すことからすれば、「皇大神」は最高神であり天皇の大神というのに等しかった。

さらに、同帳によれば、巻末の付表1・2のように各宮の神の御形《みかた》(御神体)が記されている。天照坐大御神と月読大神二柱の御形は鏡で、内宮正殿には神二柱が同坐しており、左方は天手力男神《あめのたぢからお》で御形は弓、右方は万幡豊秋津姫命《よろずはたとよあきづひめ》で御形は剣であった。つまり、鏡・弓・剣という三種が内宮の御神体である。荒祭宮は大神宮の荒御魂の宮といい御形は鏡とある。月読宮には伊弉諾尊・伊弉冉尊・月読命・荒魂が祭られており、そのうちの月読命の御形は馬に乗る男の形で、紫の御衣《みぞ》を着て金作《こがねづくり》の太刀を佩《は》くという特異な形のため、後補の可能性も指摘されている。滝原宮・伊雑宮はともに天照大神の遥宮で御形はやはり鏡であった。

また、度会の神社として付表1のように四〇社を管し、官帳に載せた社(式内社)が二五社、末載官帳社(式外社)が一五社記されており、御神体は鏡のところもあったが、ほとんどが石で御形がないという場合もあった。御形は神の依代であり神そのものを示すこともあったので、それが何なのかこれほど詳しい記述は他にない。

外宮の構造と内宮別宮の変遷

一方、外宮は『延喜式』には大神宮西の度会宮四座が度会郡沼木《ぬき》郷の山田原にあり、豊受大神一座と相殿神三座が祭られていた(巻末付表1)。その別宮として度会宮の南に多賀《たか》宮一座があり豊受大神の荒魂を祭っていた。度会宮の摂社として神社一六座が付随している。神宮側の「止由気宮儀式帳」には、「度会宮」以外に「等由気宮大神宮」という名称もあり、内宮と同格という意識で記されているのであろう。正殿には同殿坐神三前とあるが、残念ながら三座の名前はやはり記されていない。高宮は等由気大神の荒御魂神とある。また、度会郡神社として付表1のように二四社を管し、官帳に載せた社(式内社)が一六社、末載官帳社(式外社)として八社が記されている。

このように伊勢神宮は、実に多くの神社群から成り立っていた。そして度会宮を中心に別宮・摂社があり、巻頭図3のように大神宮の別宮・摂社が、おおよそ東西を取り囲むような形で広範囲に分布していた。この不思議な分布を見ると、外宮が度会郡の中心部を占め、内宮の神社群はそれを取り囲む形に見える。これをどう理解するのか難しい点が多いが、度会郡の中心が外宮の神社群を奉祭していた氏族であったことは言えるであろう。そして、後に述べるように外城田《ときだ》からあるいは五十鈴川沿いに展開する神社群は周縁部でも内宮を中心に成り立つというのは、やはり内宮が天皇（大王）の皇祖神を祭るという強力な権威があるからであろう。この点、後に第三章2で見ていくことにしよう。

ところで、伊勢神宮の別宮は当初からすべて決まっていたわけではない。宝亀三年（七七二）八月に異常な風雨があり、卜《うらな》ったところ伊勢月読神の祟《たた》りとわかり、毎年九月荒祭神に準じ馬を奉じることになった。同日、荒御玉命・伊佐奈伎命・伊佐奈弥命を官社に入れている。貞観九年（八六七）八月には、勅により伊佐奈岐・伊佐奈弥神は「社」を改め「宮」と称し月次《つきなみ》祭に預かり内人《うちんど》一人を置いた。少し込み入った話だが、延暦二三年（八〇四）成立の「皇太神宮儀式帳」に月読宮は正殿四区として、伊弉諾尊・伊弉冉尊・月読命・荒魂を祭っているところからすれば、宝亀三年八月以前に月読宮は恐らく別宮となっており、宝亀三年八月に伊佐奈伎命・伊佐奈弥命が荒魂命とともに合祀され、貞観九年に月読宮から伊佐奈岐命・伊佐奈弥命が独立し別宮となり、内人一人を置いたことになる。

したがって、別宮の変遷は史料編纂の作成時期と深く関係することになる。延暦二三年成立の「皇太神宮儀式帳」には伊佐奈岐宮は見えず、滝原宮は別宮と見え、滝原並宮も見えるが神名式には見えないので加筆説もある。伊雑宮も神名式になく神宮式に見える（第六章1・付表2参照）。同じ『延喜式』でも巻によって、成立時期が異なり統一がとれていないことがわかる。

なお、『雑事記』によれば仁寿三年（八五三）八月の大風洪水で、月夜見・伊佐奈岐宮等の神宝物御装束、玉垣・瑞垣御門等が流失し、正殿二宇も流失したため内人が両宮の御（神）体を戴き鎮め奉ったという。そして、神祇官に正殿を他所に改めたいと申上し、その結果宇治郷十一条二十三布施里と同条二十四川原田里等の間に、二宮正殿を改め造ったという詳細な移転記事がある。

大宮院の構造

両宮の建物・垣などに関しては、両宮儀式帳に名称・寸法にまで至る詳細なデータが記載されており貴重である。ここでは読者の理解を助けるために、両宮の中心となる大宮院の構造についてのみ簡単に触れておくことにしたい。

内宮には大宮院と幣殿《みてぐらどの》・御倉・御輿宿殿《みこしやどりどの》・御厩《みまや》・直会殿《なおらいどの》・斎内親王御膳殿《いつきのひめみこみけどの》・御酒殿《みさかどの》・斎内親王河原《かわら》殿・御膳宿《みけやどり》・直会院があり、その他に祢宜斎館《いみたち》・宇治大内人斎館・大内人二人宿館《たち》・物忌並びに小内人宿館五院（斎館）などの館舎があった。このうちの中心区域の大宮院は、正殿《しょうでん》《みあらか》・東西宝殿が瑞垣《みずがき》で囲まれ、その回りに四宿衛屋《とのいや》が一玉垣《たまがき》と二玉垣で囲まれており、その

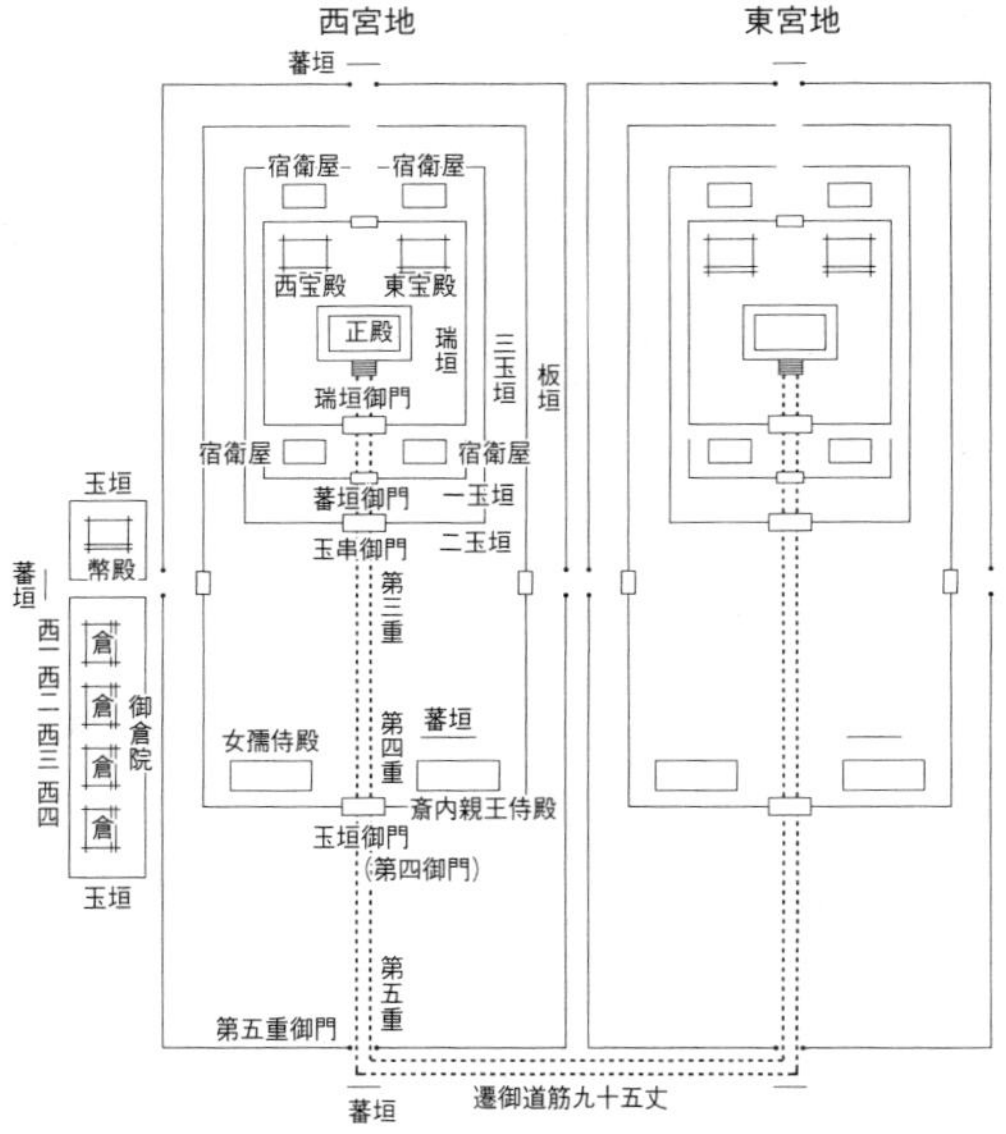

内宮大宮院付近推定図(主として儀式帳による)

回りに女孺侍殿《めのわらわさぶらいどの》と斎内親王侍《さぶらい》殿を三玉垣が囲み、その回りを板垣が囲んでいた。なお、大神宮所管の四別宮の建物のうち特徴的なものとして、荒祭宮には荒祭物忌用の斎館があり、滝原宮には御船《みふね》殿《どの》という殿舎があった。

一方、外宮は大宮院として、正殿・東西宝殿がある内院は瑞垣で囲まれ、その回りを玉垣で囲まれた中に宿直屋が(内重)、その回りをやはり玉垣で囲まれた中に斎内親王殿・女孺侍殿があり(中重)、さらに板垣で囲まれた中に重要な御饌殿《みけどの》と幣帛殿があり、その外に蕃垣《まがき》が三重にあった。その他に御倉・直会所・斎内親王御膳殿・御酒殿・斎館などがあり、すべての建物は二百七十余丈の防往籬《おおがき》で囲まれていた。

広大な神宮神域と両宮四至

神宮の境界が問題となったのは、天平勝宝五年(七五三)のことである。左大弁紀飯麿《きのいいまろ》を派遣し、伊勢大神宮の境界を限定し標《しるし》を立てたが、伊勢国と志摩国が相論したため天平宝字三年(七五九)に尾垂剗《おたりせき》を葦淵《あしのふち》(度会郡南伊勢町押淵か)に遷しており、そのことを神宮に報告するため武部卿(兵部卿)巨勢関麿《こせのせきまろ》と神祇大副中臣毛人《えみし》・少副忌部呰麿《あざまろ》が奉幣を行っている。

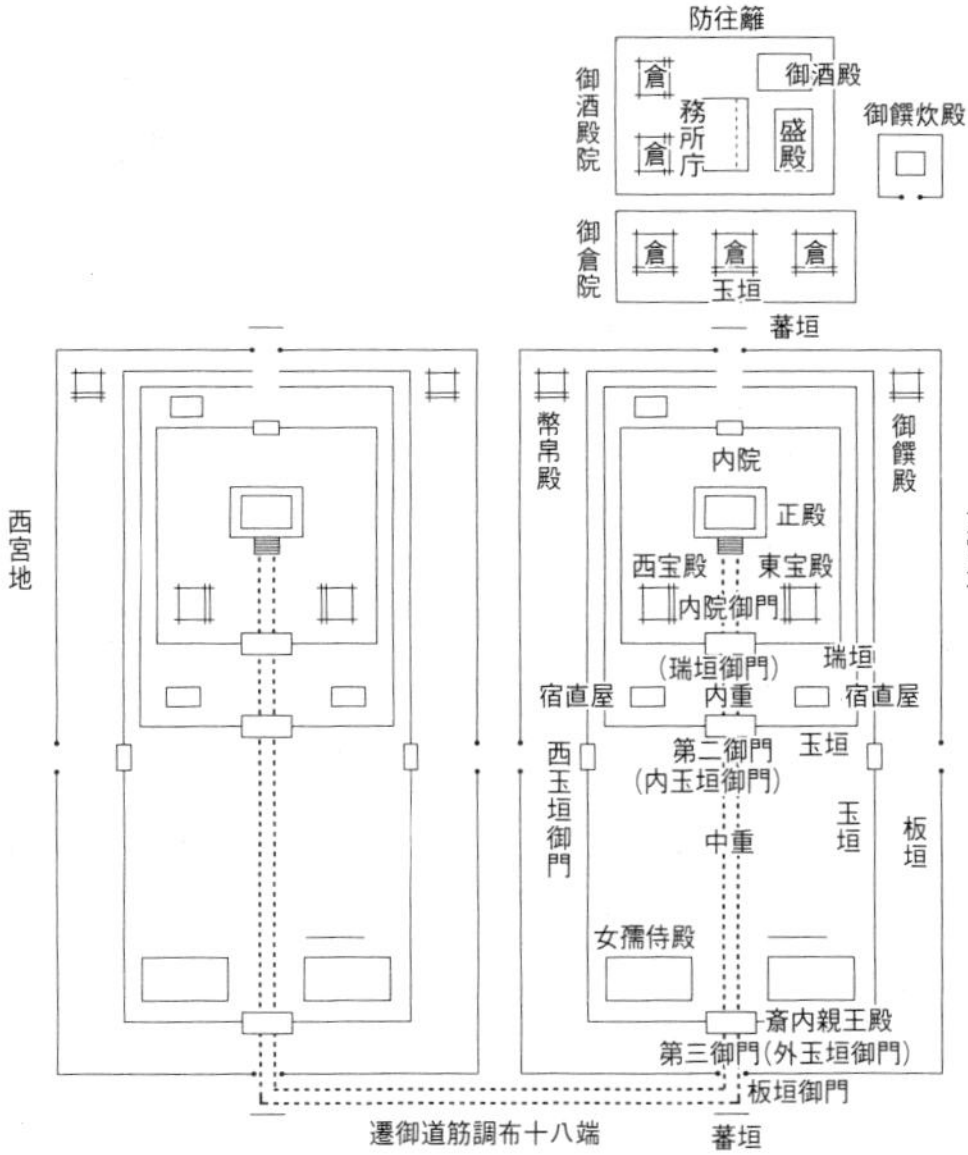

外宮大宮院付近推定図(主として儀式帳による)

内宮の四至は「皇太神宮儀式帳」によれば、「山遠く遥かに阻《へだた》り廻《めぐ》り、また近き南・西・北は河廻れり」とあるように、山中にあり東を除いて川が廻っている認識であり、これは現在の地形と類似している。神堺として、東は石井嵩《いわいがたけ》・赤木嵩《あかぎ》・朝熊嵩《あさくま》(朝熊山)・黄楊山嵩《つげやま》・尾垂岑などを山堺とし、北比奈多島《きたひなたじま》(日向島)・瓶島《かめしま》(神島)・志婆埼《しばがさき》(志波崎)・酒滝島《さかたき》(坂手島か)・阿婆良岐島《あはらぎ》(飛島か)・大島・屋島・歌島・都久毛島《つくも》(筑海島)・石島《いわ》・牛島(牛島)・小島《お》などを海堺とする。南は志摩国鵜椋《うくら》山嶺・錦山坂両方を山堺とし、西は伊勢国飯高下樋《したび》小川を神の遠い堺とし、飯野郡磯部川を神の近き堺と言った。北は海を堺としていた(巻頭図3参照)。

一方、外宮の四至に関しては神宮側の『神宮雑例集』(以下、『雑例集』と略称)の延長四年(九二六)神祇官符に記事がある。それによると、近界の四至は神宮の大垣の外各四〇丈で、遠界の四至は、東は赤峰と樋手淵、南は宮山、西は粟尾岡と山幡淵、北は宮川とある。

前年の神宮神主の「案内」(先例を記した書類)によると、大神宮(内宮)の四至は東南西は深山で人宅がなく北は宇治川を限り、宮から一里余りは人宅は穢《え》を防ぐため禁制であったが外宮は定められていなかったという。引用された寛平五年(八九三)一一月の大神宮司符によると、宮近くに居住している百姓宅から失火があり宮内に及んだので、宮より四方各四〇丈内の居住を一切禁止し、以降それを近界四至にしたという。

また、古老によると、遠界の四至の内は神宮神主領として久しく、宮の閑地などは諸人が公《く》験《げん》地として争って耕作してきたので、延喜一九年(九一九)九月の言上により、宮の四至の内は公験《くげん》私地を禁止し制すべきと判決がくだされたがやはり守られなかった。また遠界の四至内の南方は山で限られており人宅がなく、東西は宮を去ること二、三町ほどに居住の百姓の穢（産穢・死穢・挙哀《こあい》〈声を発して哀悼を示す礼〉葬送）があり、その禁制を大神宮司がたびたび命じていた。しかし、延喜一九年以来穢のことでたびたび宮司・神主等が罪に問われるので、大神宮と同様遠近の四至を定めた。汚穢があった場合には郡司の行事を四至の外に出て行うために、四堺の牓示《ぼうじ》を立て、その中で汚穢してはならないとされている。なお、一三世紀末の『皇字沙汰《こうのじさた》文《ぶみ》』によれば、その後天慶九年（九四六）四月七日の外宮祢宜による解文《げぶみ》にも、神主徳世《のりよ》と人民等が四至を犯し居住しているので、神祇官に訴えており判定が下ったという。

これが、伝える古代の両宮神域であり、『延喜式』では遠堺の飯高下樋小川に到った時には、駅使の鈴口を塞《ふさ》いで音をたてないようにすることになっていた。川の流路は時代によって変化しており比定が難しいが、下樋《したび》小川は現在の金剛川に比定されている（巻頭図3）。鈴は天皇の使者であることを知らせるシンボルであった。飯高郡から神郡の中にいったん入ると、天皇の使者といえども「俗界」から「聖界」へと意識が切り替えられるようになっていたのである。一方、近堺の飯野郡磯部川も比定が難しいが現在の祓川《はらい》（旧櫛田川）に比定されており（巻頭図3）、多気川、櫛田川という名称でも呼ばれていたようだ。

このように、伊勢神宮の神域は東・南を志摩国と接し、西はおおよそ飯高郡で、多気・度会郡にわたる南伊勢地域は広大な伊勢神宮の領域であったことがわかる。

さらに、両宮には重要な取り決めがあり、大神宮式によれば大神宮の中には兵仗《へいじょう》を帯びて参入することが禁止され、王臣以下は軽々しく幣帛を供することも禁止され、三后や皇太子が供えるときですら臨時の天皇への奏聞が必要であった。

古代の伊勢神宮は兵仗を嫌い、清浄な中で天皇の祈念を込めた祭祀が行われる場であった。それに携わるのは人でありその居宅もあるわけで、それらの穢に関しては細心の注意が払われることになっていた。とは言え、生身の人間である以上、実際はどのように穢と折り合いをつけていくか、それが大きな問題となるのである(第五章3参照)。

第三章

制度と人々

1　神宮の職制

大神宮司の役所とその長官

前章で見たように、伊勢神宮に関わる四至や神域が広大だったため、その政務を行う伊勢大神宮司という役所が置かれた。大神宮司は先に述べたように、もともと有爾鳥墓《うにのとつか》村にあり神庤《かんだち》と呼ばれ、孝徳朝（六四五～六五四）に山田原に移され御厨《みくりや》と呼ばれるようになったという。そして御厨（庁院）は、『雑例集』によれば延暦一六年（七九七）八月に、後に述べる離宮院とともに沼木《ぬき》郷高河原《たかがわら》から度会郡湯田《ゆた》郷宇羽西《うはし》村（伊勢市小俣町）に移ったとある。

大神宮司の長官は役所名と同じで分かりにくいが、大神宮司（以下、宮司とも記す）と呼ばれ従六位の一員であり、貞観一二年（八七〇）に宮司一員を増員し二員となった。その後、大・小の区別がなく職掌が分かれていないため、両方が受領《じゆりよう》と称し争論が起こり、元慶五年（八八一）八月に正六位上の大宮司一員と、正七位上の小（少）宮司一員と定められた。なお、天平勝宝九歳（七五七）八月に大神宮司の禄法は禄令の内舎人条に準拠することになったように、官位相当の職ではなかったようだ（『類三』）。

その手当は、延暦一七年に初めて神祇官の封物で宮司に季禄を賜うことになったが、大神宮式では宮司の季禄は神税から出ることになっている。宮司一員の時の年料は絹一〇〇疋《ひき》・米三〇〇斛《こく》であったが、貞観一二年二員となったため、同一五年に絹各五〇疋・米各一〇〇斛に減らされた。同式には、国司の交替に準拠し初任のおり年一〇〇〇束賜い、権司《ごんのつかさ》は正員の年料の絹・米は半分を充てることになり、不作で調・庸が減少した場合は供神のためのものを割き、残りを宮司の俸給や諸使(幣帛使など)の禄に充てることになっていた。延暦一七年正月諸神宮司は六年交替制となり、四月にはそれまで長上官(毎日勤務の官)に準拠し四考(四年)を限としていたが、それに合わせてその後に番上(交代勤務)に改められている。また、延暦一九年一二月宮司が喪に遭った時は交替して補充するようなことはせず、服喪が終わってから復任できることとなった。

このように宮司は神宮長官として一定の身分・経済保障が行われていたが、季禄が神税から支出されることになり、後に述べるように現地での神税の調達が大きな問題になるのである(第六章3)。

ちなみに、役所の文書に印鑑がつきものなのは現在でも同じであるが、律令制国家も公式令を見てわかるように文書・押印主義であった。『雑事記』によれば、天平一一年(七三九)に「太神宮政印」(方二寸)が初めて置かれたという。それは内宮政印のことで宮司の関与しない神宮内の諸政事で用いられたと言われている。また同書によれば斉衡三年(八五六)に「太神宮司印」が置かれ、外宮では貞観五年(八六三)に「豊受太神宮政印」が初めて置かれたとある。

宮司の仕事

では、宮司はどのような仕事を担っていたのか、大神宮式を見てみよう。

まず、後に第六章で述べるように、神宮の経済基盤としての三神郡と六神戸《かんべ》および諸国神戸の調・庸・田租に関して、国司が文書によって報告した調文・租帳などを点検し納め、その状態を国司に報告し都の主計・主税二寮に移送することが決められていた。次に三神郡の校田・班田などの田と計帳(調・庸などを賦課するための台帳)・疫死などの政務を伊勢国司とともに行い、雑務は度会郡宇治郷から始め国司が送ってくる名簿は卜食《うらはみ》(亀卜《きぼく》)し、それから政務に従うことになっていた。卜占するところが他の役所と異なる神宮特有の作法である。

また、斎宮寮の官舎を前もって修理することにもなっており、神宮の祢宜・大内人以下の考《こう》文《もん》(勤務評定書)は宮司が点検して造り、九月二五日以前に都の神祇官に進めることになっていた。三神郡内の散位《さんに》(位階があって官職がない者)と蔭位《おんい》(祖父・父の位に応じて与えられる位)に預かる子孫・神麻績《かんおみ》・神服織部《かんはとりべ》も同様であった。

その他、斎内親王の参入(あるいは京に帰る)日に、飯野郡櫛田川の浮橋《うきはし》を作ることに神郡の人々を従事させることになっていた。また、宮司の交替手続きである解由《げゆ》の拘留《こうりゅう》条件から、三神郡の神社・溝池・堰・駅家《うまや》・官舎の破損を防ぐことや、桑・漆などの生産を催促することも仕事であったことがわかる。この三神郡の雑務が、弘仁八年官符によって宮司に委任されたことは、後に述べたい(第六章3)。

さて、役所としての大神宮司(御厨)には、上記の実務を行う案主《あんず》一〇人・司掌一人・鑰取《かぎとり》三人・厨女《くりやめ》一人がおり、その職員は三神郡と六神戸百姓からの現地採用で、その衣食は神封物《しんぷ》(第六章1)から支給された。また、大神宮司には卜部《うらべ》が一人置かれ年中の雑事を卜っており、都からの祈年《としごい》・月次祭使が参入する場合、卜部は多気川で待ち受けて祓《はらえ》を行った。

その一方で、宮司は斎王が三節祭(三時祭、第五章1)に参るとき、離宮院の禊殿《みそぎどの》に到着すると参加し、主神司《かんづかさ》の禊のための物や、また内院の大殿祭《おおとのほがい》の物や夕膳のおりの使用物を供給した。宮司が神宮祭祀に供奉するのは言うまでもないが、貞観八年(八六六)五月には、国内神郡で疫病による病死者が多いため、恬子《やすこ》内親王の六月祭の神宮参入を停止したとき祭祀に宮司が供奉しており、非常時には斎王の代理を務めることもあったようだ。

以上のように、宮司は国司と同様の権限をもち業務をこなすことになっていたため、後に第六章で述べるように平安時代に入り国司との争いが活発化するのである。しかしながら、神宮祭祀などに関しては宮司の特権であり、行政職である伊勢国司はまったく関与できなかったのである。

職制と触穢

政務を掌る大神宮司とは別に、伊勢神宮の神域では多くの人々が働いていた。

まず、内宮の職制から見ていこう。表のように「皇太神宮儀式帳」(『延喜式』)によれば禰宜(従七位官)・大内人・物忌(童男一・童女八)・物忌父・小内人《こうちんど》の雑人合わせて四三人、戸としては禰宜一烟・大内人三烟・物忌九烟・小内人八烟の合計二一烟で、別宮の四宮は内人五烟・物忌四烟の九烟存在した。『続日本紀』天平勝宝五年(七五三)正月丁未条には内人と物忌の男四五人・女一六人とあり、両宮儀式帳の合計数とほぼ同数であるが『延喜式』にかけて定員の増減があることがわかる。

一方、外宮も同じく表のように、「止由気宮儀式帳」(『延喜式』)によれば禰宜(従八位官)・大内人・物忌・物忌父・小内人の二一人、戸としては度会郡に置かれた一五烟(戸)で、供奉する戸人は中男(一七~二〇歳の男性)以上九〇人余りであった。貞観式逸文(『皇字沙汰文』)によれば「止由気宮儀式帳」段階から物忌・物忌父が一人少なくなり、逆に『延喜式』では小内人などが増員されているなど、微妙な変化が見られる。

別宮では内人が実質的な長で物忌・物忌父が一人おり、摂社には祝《はふり》がいた。

さて、大神宮式によれば禰宜・大内人・雑色・物忌父・小内人は、親の喪に遭った場合に

伊勢神宮の職制

	職名	儀式帳定員[1]	『延喜式』定員[2]
大神宮	祢宜[3]	1 (1)	1
	大内人	3 (3)	4
	物忌	13 (9)	9
	物忌父	13	9
	小内人	13 (8)	9
荒祭宮	内人	(1)	2
	物忌	(1)	1
	物忌父		1
伊佐奈岐宮	内人		2
	物忌	—	1
	物忌父		1
月読宮	内人	(1)	2
	物忌	(1)	1
	物忌父		1
	御巫内人		1
滝原宮	内人	(1)	2
	物忌	(1)	1
	物忌父		1
滝原並宮	内人	(1)	2
	物忌		1
	物忌父		1
伊雑宮	内人	(1)	2
	物忌	(1)	1
	物忌父		1
度会宮	祢宜[3]	1 (1)	*1* 1
	大内人	3 (3)	*3* 4
	物忌	6 (6)	*5* 6
	物忌父	6	*5* 6
	小内人	5 (5)	*5* 8[4]
多賀宮	内人		2
	物忌	—	1
	物忌父		1

注 1) (　) は烟(戸)
2) 式のイタリック文字は『皇字沙汰文』引用の貞観式逸文.
3) 祢宜は外宮 2 員(天暦 4 年), 内宮 2 員(応和元年), 両宮 3 員(天延 2 年), 外宮 4 員(永延元年), 外宮 5 員(正暦 5 年), 内宮 4 員(正暦 5 年), 外宮 6 員(寛弘 3 年)となる.
4) 『日本三代実録』貞観 6 年 12.10 条, 御馬飼内人 1 人増員.

触穢《しょくえ》とせず素服も着用しないが、四十九日のちに祓い清めれば復任できた。服喪期間が終わるまでの間は外院に侍候し祭物を供える儀式に参加できず、神宮内院に参入してはならなかった。ただし、物忌父が亡くなった場合はその子は解任され、子が亡くなった場合に父もまた解任され復任できないなど、触穢に関しては厳しい規定があった。また、大神宮の大小内人・物忌や御厨の雑色人らは容易に職を譲ってはならず、別宮の内人・物忌・弾琴《ことひき》・笛生・歌長《うたのおさ》・織殿の神部《かんとも》も同様であった。

このような厳しい禁忌があったが、二宮と所摂の宮の祢宜以下の雑任は調・庸が免除され、馬飼丁《うまかいのよぼろ》一八人(大神宮一二人・度会宮六人)・神服織・神麻績各五〇人は庸免除の特権があった。

そのほか、大神宮以下別宮・御厨・斎宮・祭主には封戸《ふこ》から仕丁(労役従事者)が配置され、斉衡二年(八五五)白丁《はくてい》から和琴生二人が置かれており(『類三』)、貞観八年(八六六)両宮の五位の祢宜に与えられる資人《しじん》(従者)は神郡の人から補うことになった。元慶四年(八八〇)初めて歌長一人が置かれ勘籍《かんじゃく》(戸籍での身元確認)が行われ、同七年に両宮の酒立女《さかたてめ》(酒を注ぐ采女《うねめ》・女孺《にょじゅ》)各二人に対して三節祭の日には舞女《まいめ》の例に準じ禄を給わることになった。

以上のように、神宮は当時の都の官司や地方官衙と同様、実に多くの職員などによって支えられていたが、一般官衙と異なるのは神宮への神祭りへの奉仕という点であった。

2　職員たちの由来伝承と氏族

祢宜の由緒

職員の中でも、中心的で重要な位置を占める祢宜について、やはり大神宮式などから見てみよう。五位の祢宜は位禄を神税から給わり、その手助けをする資人も神郡から任命され、四・六月には特に一日食米二升を支給された。大神宮の物忌四人と度会宮の物忌三人に対しては年中各米八合を支給され、仕丁の食料は京で働く仕丁と同じ扱いになっている。元慶三年(八七九)には高宮の物忌も諸宮の物忌にならい、その後月粮《げつりょう》を神封物から給わることとなった。

祢宜は長上番《ちょうじょうばん》(毎日勤務)で、大内人三人は旬ごとに物忌父・小内人・戸人らを率いて分番《ぶんばん》(交替勤務)して宿直することになっていた。

また、宮司の項でも述べたが両宮の祢宜・大内人以下の番上の考文《こうもん》(勤務評定書)は宮司が作成することになっており、三神郡内の散位と蔭位の子孫・神麻績・神服織部もこれにならった。大内人は大同三年(八〇八)に外考《げこう》(外位。地方役人に与えられた位階)の対象となったが、式部省式では永らく内考(内位)に預かれとあり、外位から内位扱いに変化している。

ところで、朝廷から恩詔の位記(位を授与する文書)を持参した四度祭使(第四章1)が来たときの作法を少し見てみよう。

神宮の直会院《なおらいいん》の第一殿(五丈殿《ごじょうでん》か)に南向きになり、位記を案(机)上に置き都から従って来た神祇官の史が名を呼んで給わった。その場合、殿前で東向き(正殿の方向)になり、祢宜・内人は北を上座として東向きに二列になった。その儀が終わったあと、大神を拝し拍手を二回し、次に北向きになり朝拝を行った。ただし度会宮では西向き(同上)で事を行うことになっていた。

これによると、先に大神に拝礼拍手し、そのあと北に向かって朝拝、すなわち天皇を拝することになっていたことがわかる。なお、祢宜が五位の位記を給う場合は、わざわざ神宮内の中《なか》重《のえ》(外玉垣御門内)で給うことになっていた。貞観八年(八六六)には、祢宜が五位を授かれば神税で位禄を賜うという、神宮財政で給与が保証される仕組みをつくっている。

このような規定があるのは、祢宜などに叙位が行われていたからで、天平八年(七三六)の「伊勢国計会帳」によれば、九月一日神郡司の所から国司のもとに、両宮の祢宜・内人らの上《じょう》日《じつ》(出勤日数)状一枚が届いており、そこから京の太政官・式部省へ送られたと思われる。

天平二一年四月、聖武天皇らが盧舎那仏《るしゃなぶつ》と対面したおり、祢宜従七位下神主首名《おびとな》が外従五位下に叙せられており、天平勝宝五年正月に神主首名は外従五位上に、また、内人・物忌の男四五人・女一六人にも位が授けられているように、天皇即位や改元などにさいし位階などを与えられていた。聖武・孝謙天皇らの手厚い仏教信仰の中でも、伊勢神宮への配慮が行われていたのである。

宝亀一一年(七八〇)正月、神宮の祢宜は十考成選(一〇年昇進法)を改めて、長上の例に準拠して四考成選とし内位とすることになった(『雑事記』)が、この後叙位の実態例を見ると十分に機能していなかったと言われている。また、『新儀式』巻四によれば、内宮祢宜は内階を、外宮祢宜は外階を叙すのが例で、遷宮のおり御神体を戴く祢宜一人が六位の場合、五位を叙すのが近例とある。

奈良時代には神宮の祢宜・大内人だけでなく物忌(大物忌)や祝までも位階を授与されたが、都でも内位の五位に昇授されるのは大変なことであり、大神宮の祢宜とはいえ郡司などの地方豪族に与えられる外位を授けられるのが通例だった。

神主の由緒

では、実際に祢宜職についていたのは誰であろうか。内宮は荒木田神主氏、外宮は度会神主氏が担当していたが、両氏が祢宜となった経緯については、記紀に記事がなく神宮側の史料によらざるをえない。

荒木田神主氏は「皇太神宮儀式帳」によると遠祖国摩大鹿嶋命《くになずおおかしま》の孫天見通命《あまのみとおし》を祢宜に定め

たといい、「伊勢天照皇太神宮禰宜譜図帳《ふとちょう》」には、天見通命を「神世祢宜《かみよのねぎ》」とし、景行天皇のおり孫が居住地により大貫《おおぬき》連という姓を賜ったとあり、また曽孫大阿礼《おおあれ》命が鎮座に際し祢宜に補任され、成務天皇のおり朝御饌夕御饌料三千代《しろ》の御田を開いたところから荒木田神主姓を賜ったという伝承がある。また、元慶三年（八七九）、大神宮氏人神主は荒木田三字を姓としているが、進大肆《しんだいし》荒木田神主首麻呂より以後、荒木田三字を脱漏したため、今になって首麻呂の裔《えい》孫《そん》が官に向かい披訴《ひそ》したので旧来通り加えることとなったという（『日本三代実録』、以下『三実』と略称）。ここに見える進大肆の冠位は天武天皇一四年（六八五）のものであり、天武朝以後荒木田が除かれ神主姓だけとなったことがわかる。

一方、『雑事記』によれば度会神主氏は、貞観一五年（八七三）宣旨の中で滝原宮内人神主是《これ》次《つぐ》が復任を願う理由として、「天照坐皇太神宮」が天降った時以後、天児屋根命の孫が中臣の姓を、かの天見通命・天村雲《あまのむらくも》命等が神主姓を賜い、祭庭に供奉する職の氏となったという「故実」を引用している。『先代旧事本紀』巻三にも、同じく天牟良雲《あまのむらくも》命は度会神主等祖とある。

ところで、「外宮禰宜補任」によれば、雄略朝に度会宮を遷祀してから後、大佐々《おおささ》命が「二所大神宮大神主」となり、天武天皇即位の年（壬申）に大神宮と豊受宮の祢宜を補任し、持統天皇即位元年（六八七）に神主君麿が祢宜として以後補任とある。度会氏は『続日本紀』和銅四年（七一一）三月辛亥条に伊勢国人磯部祖父《おおじ》と高志《こし》の二人が度相神主姓を賜ったとあるが、「外宮禰宜補任」によれば、この大神主祖父は二門で持統朝に「二所太神宮大神主」とあり、庚《こう》午年籍《ごねんじゃく》(天智天皇九年)で誤って石部《いそべ》(磯部)姓を負い、和銅四年三月一六日官符で旧姓(度会)神主に戻ったという。なお、「元徳注進度会系図《げんとくちゅうしんわたらいけいず》」によれば、度会氏は四門に別れていたが、奈良時代から平安時代初頭にかけて四門の子孫が祢宜職を独占していたところから、この四門を元慶三年記事にしか見えない根木《ねぎ》神主を称した一流とする説がある。

外城田の風景

また、貞観三年(八六一)には、天皇は詔して豊受宮祢宜正八位神主河継《かわつぐ》・同宮大内人外従八位下神主真雄《まさお》・同宮副大内人外少初位下神主伊勢雄らが、一祖ののち分かれて争っていたのを戒めており(『三実』)、度会宮の神主氏の恐らく四門内部では祢宜職をめぐって争いがあったようだ。

以上のように、古い時代は神宮側の史料しかなく、両氏族の系譜記事の伝承内容が違うため実態は不明な点も多いが、両氏族の系譜を総合すればおおむね次のような流れとなろう。

荒木田神主氏は大貫連姓を居住地で賜ったとする伝承をもっており、現在の外城田《ときだ》を中心とする在地氏族であったが、朝夕の御饌料の御田《みた》開発によって後に荒木田姓を得たようだ。ちなみに、時代は降るが『類聚神祇本源《るいじゅうじんぎほんげん》』（元応二年〈一三二〇〉度会家行《いえゆき》選録）によれば、外城田の田辺《たのべ》氏社は荒木田氏社とあり、延喜一一年（九一一）に四度案上幣（祈年・月次・新嘗祭の際に、机の上に置いた幣帛を授かる待遇）に預かったという。一方、度会神主氏は山田原を中心とする在地氏族で、外宮祭祀を中心に内宮の食事奉祭まで二所大神宮大神主とし奉仕していたが、天武・持統朝に皇祖神としての内宮の地位が上昇したため、二所大神宮大神主のうちの外宮祢宜となり、一方の（荒木田）神主氏が内宮祢宜として定まったという伝承となる。二所大神宮大神主の呼称など類例がなく不明な点もあるが、両者とも基本的には神主氏姓で、七世紀後半の戸籍登録のおり乱れがあり、奈良時代初頭、外宮の度会神主氏姓が認められ、九世紀後半に荒木田神主氏姓が認められ、その後両氏姓名が定着していくことになる。

内人・物忌の制度

祢宜は他の神社でも見ることができる職名だが、その配下の内人・物忌は伊勢神宮特有の職名である。両宮儀式帳によれば延暦二三年（八〇四）当時のさらなる区分名称（表）や姓名などを知ることができる。

大内人のうち宇治大内人は、先にも述べたように「皇太神宮儀式帳」に宇治土公らの遠祖太田命が度会国名と「伊須須《いすず》」川名そして川上の大宮地を推薦したという由来伝承があり、度会の宇治周辺の有力氏族であったと思われる。宇治大内人のみ祢宜と同じように、斎館《いみたち》が与えられそこ以外の火を使った物は食べてはならず(忌火《いみび》)、大内人は宿館《たち》があり忌火の物を食さなくともよかったのも、その由来伝承によろう。物忌と小内人は斎館におり、忌火の物を食べる大物忌と宮守・地祭・荒祭物忌を除き、同じ常宿斎館で食事をした。「止由気宮儀式帳」によれば、外宮の祢宜・大内人・物忌・小内人の宿舎・食事も内宮とほぼ同様であった。神宮では特に祭祀に関わる重要職は、斎館・忌火が義務づけられていたのである。

伊勢神宮の職制細目

	内宮	外宮
祢宜	祢宜	祢宜
大内人	宇治大内人 (大)内人	— 大内人
大物忌	大物忌 宮守物忌 地祭物忌	大物忌 — —
物忌	— 酒作物忌 清酒作物忌 — 御塩焼物忌 土師器作物忌 山向物忌 — 滝祭物忌 —	御炊物忌 — — 根倉物忌 御塩焼物忌 — — 菅裁物忌 — 高宮物忌
(小)内人	忌鍛冶内人 御笠縫内人 御巫内人 御馬飼内人 — 御筥作内人 陶器作内人 日祈内人	忌鍛冶内人 御笠縫内人 御巫内人 御馬飼内人 木綿作内人 — — —

注)大物忌・物忌は父子から成る.

しかし、そのような物忌・内人でも官人制に組み込まれ、大同三年(八〇八)、内宮・外宮の大内人各三員は元白丁から採用していたが、その後外考(外分番の勤務評定)と把笏《はしゃく》に預かることになる。天安元年(八五七)、荒祭・月読・滝原・伊雑・高宮等の神宮内人五人に初めて把笏があり、『雑事記』によればその理由は神威を増すためであった。貞観六年(八六四)豊受宮御馬飼内人一人を加え二人としている。

一方、表のように、大物忌以外に職名を冠した物忌が多数置かれていた。「皇太神宮儀式帳」によれば内宮では規定で物忌が一三人とあるが、計九人の姓名しか挙がっていない。一方、「止由気宮儀式帳」によれば外宮では規定で物忌六人であったが、こちらは計六人の姓名がある。なお、内宮の物忌九人の内訳は、「皇太神宮儀式帳」には宮守《みやもり》・山向《やまげ》物忌の二人が童男《どうなん》であったが、残りは童女《どうじょ》とあり童女の比重が高く、『延喜式』でも童男一人・童女八人とありほぼ同様の比重であった。物忌はほぼ女性に特化されていた。

さて、大物忌に関しては「皇太神宮儀式帳」に伝承があり、倭姫内親王が朝廷に戻ったとき、祢宜神主公成《きみなり》らの先祖である天見通命の孫川姫《かわひめ》命を、倭姫の代わりに大物忌として大神にかしずかせて以来、今も斎内親王より大物忌は大神に近くかしずき、昼夜関係なく今の世までもっとも重い、つまり斎内親王の代理とも言える重要な職掌であった。

ところで、延暦二三年の儀式帳の職掌雑任の項で、神宮職員の姓名(物忌父は物忌と親子なので除く)を見ると、内宮は宇治大内人が宇治土公磯部《うじのつちのきみいそべ》という複姓のほか、荒木田神主氏が一名、神主氏が五名、磯部氏が九名、山向氏が一名、麻続《おみ》氏が一名・忌鉄師部《いみかじべ》氏が一名、郡部《こおりべ》氏が一名である。なお、儀式帳の職掌雑任の項の神主公成は、儀式帳の署名に荒木田神主公成とある。一方外宮は、神主氏が九名、石部(磯部)氏が六名で小内人は全員石部(磯部)氏である。内宮は磯部氏が神主氏の約二倍おり、外宮は(度会)神主氏が中心となっており、内宮は磯部氏が(荒木田)神主氏などを圧倒しているように見える。

これらのことから類推すると、内宮は有力氏族宇治土公磯部氏や他の磯部氏がもともとの在地氏族で、そこに元来外城田の有力氏族である荒木田氏が入り込んでおり、外宮は(度会)神主氏がもともとの有力在地氏族で近辺の磯部氏も組み込んだということを意味しているのであろう。(荒木田)神主氏が内宮に入り込めた政治的理由は不明だが、その設置背景としてやはり内宮設定のおりのヤマト王権の強力な政治力を思わざるをえない。

職員たちの多様な職掌

では、祢宜・内人・物忌はどのような仕事に携わっていたのであろうか。両宮儀式帳に職掌が詳しく記載されているが、実に多様なものであった。

「皇太神宮儀式帳」によれば、内宮祢宜は宮内の雑行事の統轄を行ったが、祢宜に任命されると忌火の飯食をとり忌み慎み、天皇の寿命を祈り御世の繁栄と皇子らの寿命を慈しみ、人々の五穀豊穣を朝夕祈るのが職務でもあった。物忌は、塩・酒・祭物・土器・榊など直接祭祀に係わる弁備供奉などに携わり、内人は主に金属製品・木製器・陶器・雨具類などの物や日祈《ひのみ》祝詞の奏上や祓、馬の世話などに携わった。

一方、「止由気宮儀式帳」によれば、外宮祢宜は諸内人らを率いて「聖朝廷《すめらみかど》」を永久に堅実に見守り天下泰平を祈念するとある。そして、やはり祢宜が宮内の雑行事を統轄していたが、物忌は朝夕御饌に関わり御田作りやその祭物・食品生産などにも関わっており、内人は金属製品・雨具・木綿などの物や祝詞・祓、馬の世話などに携わった。

両宮に共通する職掌名、たとえば祢宜・大内人・大物忌があるが、内宮では御笥作《みけつくり》内人・日祈内人・陶器作《すえものつくり》内人・酒作《さかとく》物忌・清酒作《きよさかとく》物忌・土師器作《はじのうつわつくり》物忌・山向《やまげ》物忌、外宮では木綿作《ゆうつくり》内人・御炊《みかしぎ》物忌・菅裁《すがだち》物忌・根倉《ねぐら》物忌・高宮物忌というように、名称が異なる内人・物忌も置かれた。しかし、内宮の陶器作内人・土師器作物忌は外宮の分も作成しており、外宮の祢宜・大物忌・根倉物忌は両大神の朝夕大御饌などに参加し、また木綿を両宮に進上する木綿作内人などがいたのである。その一方で、朝夕大御饌で言えば、外宮の御炊物忌が舂《うすづ》き炊《かし》ぐ職掌、また両宮大御饌用の御田・御刀代田作りに関わる菅裁物忌・根倉物忌・高宮物忌の職掌が内宮職制にない特徴で、太玉串や天八重榊を取り揃える内宮の山向物忌の職掌は、外宮職制にない特徴である。

以上のように、祢宜と大内人は神宮の守護や祭祀全般の奉仕が主な仕事だが、大物忌は両宮の朝夕(大)御饌奉仕が主な職掌であった。小内人は祭物・祭具の製作と祭祀実務(祝詞と祓)それに天皇から贈られた幣馬の管理が主な職掌で、物忌は祭物・祭具の調達・製作、そして御田作りや田・野山での祭祀実務を行うことになっていたと言えよう。

『延喜式』や両宮儀式帳によれば、祢宜―大内人(内人)―物忌とその父―小内人というような職階制がとられているが、職掌を見ると小内人と物忌は祭物・祭具の製作という点で共通点もあり、職階制的名称と職務内容が整然と分離したものではなく、原初的で複雑なものである。他の神宮にない内人―物忌という職制であるが、内人は本来神宮の宮区域内にいる人という意味で、物忌は本来神近くで奉仕するための忌みを実践する者からきた職掌名で、そこには当然交錯する部分が生まれるものであった。以上のような原初性を考えるとヤマト王権時代からの名残を残す、その意味で非律令制的な制度であったとも言えよう。

とりわけ、神宮の守護と朝夕の御饌、三節祭の朝夕大御饌、それに臨時幣帛使への対応が重要な職務であった。内宮と外宮との大きな相違の一つは、内宮が神衣祭に関与していたことも挙げられる。いわばそれら祭祀への組織集団であったと言ってもよい。

しかも物忌は、童男・童女から成り立ち穢を嫌った。身辺や神への食事や社殿(地)に対して清浄が求められ、そのための忌が厳しく求められる特別な集団でもあった。物忌の父がおり母が排除されているのは、いわゆる血の穢が理由と考えるが、この点は後にまたふれてみよう（第五章3）。

3　斎宮寮の職制

主神司

次に、斎王のための組織である斎宮寮の職制を見てみたい。

大宝元年（七〇一）二月、泉《いずみ》内親王が伊勢斎宮に遣わされ、八月に斎宮司は寮に準拠し属官は長上に準拠することになり、翌二年正月従五位下当麻橘《たいまのたちばな》が斎宮頭となった。大宝三年には引《ひけ》田広目《たのひろめ》が斎宮頭兼伊勢守となり、慶雲二年（七〇五）には当麻楯《たいまのたて》が斎宮頭となっている。養老二年（七一八）には初めて印を公文書に用いることになった。ただし、斎宮式によれば、斎宮寮印は斎宮寮司が任命されて太政官から請けることになっており、斎王が京に帰ったら寮印は山城国に授けて納めさせるとある。これは平安京を念頭に置き山城国司が寮印の授受を担当したのであり、もしこの規定が奈良時代に遡るならば大和国司が担当することになろう。いわば斎宮寮司の任命から、斎王帰京後の斎宮寮司の解散までが斎宮寮の存在期間となり、常時設置され

斎宮寮の職制

斎宮寮	頭(1，従五位)・助(1，正六位)，大允(1，正七位)，少允(1，従七位)，大属(1，従八位)，少属(1，従八位)，使部10，〈史生　4〉[1]
主神司[2]	中臣(1，従七位)，忌部(1，従八位)，宮主(1，従八位)，神部(6)，卜部(4)
舎人司	長官(1，従六位)，主典(1，大初位)，大舎人(20)，舎人(10)
織〈蔵〉部司	長官(1，従六位)，主典(1，大初位)，蔵部(6)
膳部司	長官(1，従六位)，判官(1，正八位)，主典(1，大初位)，〈膳部(？)〉
炊部司[3]	長(1，従八位)，炊部(4)
酒部司	長(1，従七位)，酒部(4)
水部司	長(1，従七位)，水部(4)
采部司	長(1，従七位)，女采〈女部〉(2)
殿部司	長(1，従七位)，殿部(6)
薬部司	長(1，従七位)，医生(2)
掃部司	長(1，従七位)，掃部(6)
門部司[4]	〈長(1，従七位)，門部(？)〉
馬部司[4]	〈長(1，従七位)，馬部(？)〉

注　神亀5年7月21日の勅(狩野文庫本『類聚三代格』四による)．なお，尊経閣文庫本『類聚三代格』により「織部司→蔵部司」，「女采→女部」，また膳部司に膳部□人を補う(飯田瑞穂説)．(　)内の数字は定員．
1)延暦22年正月丁巳，設置(『日本紀略』)．
2)令外官．延暦19年11月3日，神祇官の管摂となる．
3)大同3年8月3日，長官・主典が置かれ，舎人・蔵部司の官位に準拠する．
4)門部司・馬部司の二司は推定である．

ていたわけではない。

神亀四年(七二七)八月に斎宮寮官人として一二一人が補任されたが、神亀五年七月二一日、井上《いのうえ》内親王が斎王であった時の斎宮寮の人員の規定は表のようなもので、寮の配下に令外官の主神司を除く一〇司が所管とされ合計一〇七人となる。ただし、膳部司《かしわでのつかさ》には「膳部□人」が史料に見えず、織部司《おりべ》は蔵部司《くらべ》で「女采」は女部《うねめ》の誤りとする説もあり、このほか門部・馬部の二司が設置されていた可能性もあり、すると一二一人かそれに近い数値となろう。また、この頃から京官扱いとなっていたようだ。書記官の史生が置かれたのは遅く、延暦二二年(八〇三)に初めて史生四員が置かれており(『紀略』)、昌泰三年(九〇〇)権《ごんの》史生が一人増員された(『三代格』)。また、大同三年(八〇八)八月斎宮寮の炊部司は元長官一人であったが、改めて長官《かみ》・主典《さかん》を置き舎人《とねり》・蔵部等の司の官位にならうことにした(『類三』)。貞観一二年(八七〇)には、斎宮寮と所管諸司を初めて任じるとき籤符《せんふ》(任符)を給うことにしている。

斎宮寮は寮であるが一〇司(門部・馬部二司を含むと一二)を管する規模で、都の八省では伴部を有する宮内省に類似している。そのほか主神司《かんづかさ》は神祇官・大宰府(主神)、舎人《とねり》司は左大舎人寮・中宮職(舎人)、蔵部司は大蔵省・内蔵寮に相当する、あるいは該当する蔵部が存在した。寮は使部二〇人が通例であるが、斎宮寮は司クラスの一〇人であった。

延暦一九年(八〇〇)の太政官符によれば、斎宮の主神司は特に令外に置いたが管轄することがなく、しかも勤務評定方法がなかったので神祇官の管摂としたという(『類三』)。また、貞観六年(八六四)に斎宮主神司に銅印一面が充てられたように主神司は別扱いであった。そして斎王が斎宮に入ると、毎月下旬に雑色と使女《つかいめ》以上の名簿はその主神司で卜われた。なお、『古語《こご》拾遺《しゅうい》』(大同二年〈八〇七〉成立)によれば、主神司の中臣・忌部は元七位官と同じであったが、延暦初めの朝原内親王が斎王の時に忌部を八位官に降し未だにそのままであるとするが、神亀五年（七二八）の中臣と忌部の規定では中臣は従七位官であったが忌部は従八位官とすでにあるので、その意見は当たらない。

ところで、斎宮式によれば主典《さかん》以上二六人・番上《ばんじょう》一〇一人・命婦《みょうぶ》（五位以上の女官）一人・乳母《めのと》（養育係）三人・女孺《にょじゅ》（下級女官）三九人・御厠人《みかわやびと》（厠係）二人・御洗《みすまし》（洗濯・沐浴係）二人・仕丁一五人・駆仕丁二五人・飼丁八人・今良《いままいり》（解放された官戸・官奴婢）・女丁・将従《しょうじゅう》（従者）二七三人・戸座《へざ》一人・火炬《ひたき》少女二人・宮主《みやじ》と、卜部の家口四人が挙がっている。内訳は斎宮寮官人が一二七人と先に見た官人数に近いが、その他に女官四三人、男女雑色《ぞうしき》三五〇人となり、総数五二〇人にも及ぶ大所帯であった。命婦・乳母・女孺など、斎王が女性であることによる宮人配置がなされている。そして、女孺は三等区分されており、元日朝賀のおりの禄法は命婦は斎宮寮頭《かみ》、乳母・上等女孺は斎宮寮允《じょう》、中等女孺は諸司主典《さかん》、下等女孺は番上官に準拠していたところから、それぞれ男官同様の待遇であった。

なお、慶雲二年に婦女は髪を結うことになったが、斎宮宮人は都の神祇官の神部や老嫗《おみな》とともに髪を結わなくともよいことになった。天武天皇一三年（六八四）の詔では、同じような例として巫祝の類が挙がっている。斎王に仕える者として長髪を許したのであろうが、斎宮勤務の宮人女性は長髪がシンボルとなったのである。

斎宮跡の遺構

斎宮跡の発掘は、一九七〇年の古里《ふるさと》遺跡の発掘調査から始まり、その後現在に至るまで計画的に行われ、多くの成果があった（次頁の図）。長年斎宮の発掘に携わってきた倉田直純の近年のまとめなどを参考にしてみよう。

まず鍛冶山西《かじやまにし》区画では、二重の掘立柱塀に囲まれた内郭・外郭を擁する内院地区（斎王寝殿推定地）北縁部、その西隣の牛葉《うしば》東区画の北縁部で桓武朝に整備拡充されたと考えられる大型掘立柱塀に囲まれた重要区画施設（出居殿《でいどの》推定地）、また各区画内の施設建物などの変遷が明らかになった。

とりわけ方格地割《ほうかくじわり》と呼ばれる側溝を含め幅五〇尺（約一四・八メートル）の道路と、これに区画された一辺四〇〇尺（約一一八・四メートル）をおおむね基本とする碁盤《ごばん》状の地割が発見されたことは大きい。この条坊地割は奈良時代末期の光仁朝に着手され、次の桓武朝に本格的に整備された内院を中心とする東西五区画、南北四区画が成立し、その後さらに南西部に四区画が増設されたものとされている。このような碁盤状の地割は、当時の長岡京や平安京では条坊制と呼ばれ都市景観の象徴でもあった。ただ、内実的には斎王と斎宮寮の各司の建物が配置された空間で、京というより宮内に近いものと考えられている。

斎王の居所は鍛冶山西区画・鍛冶山中区画・牛葉東区画と見られており、鍛冶山西区画内に

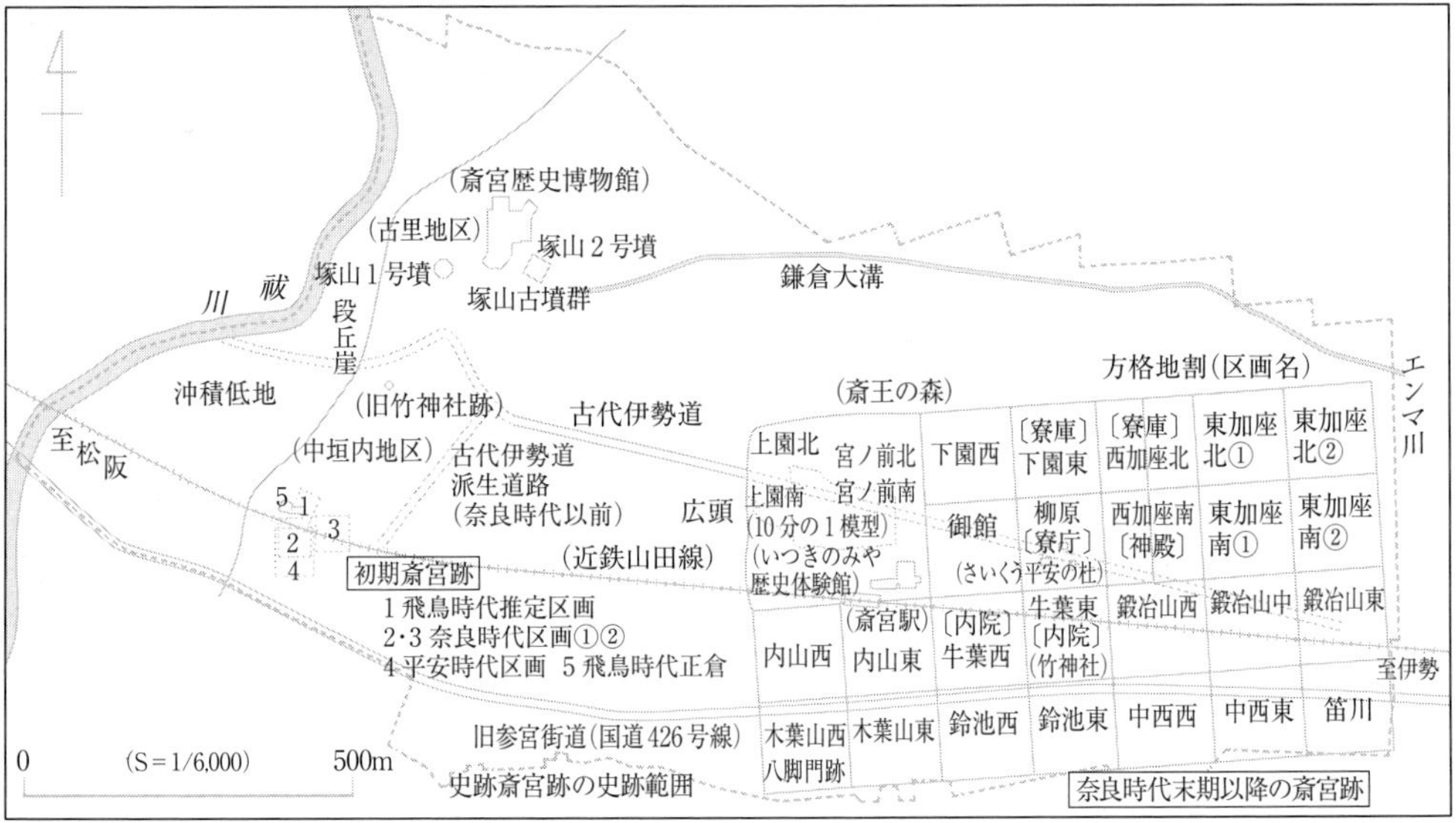
（斎宮歴史博物館）
（古里地区）
塚山２号墳
塚山１号墳
祓
川
段丘崖
塚山古墳群
鎌倉大溝
沖積低地
（旧竹神社跡）
古代伊勢道
至松阪
（中垣内地区）
古代伊勢道
派生道路
（奈良時代以前）
広頭
（近鉄山田線）
5
1
3
2
4
初期斎宮跡
1 飛鳥時代推定区画
2・3 奈良時代区画①②
4 平安時代区画　5 飛鳥時代正倉
旧参宮街道（国道426号線）
0
（S＝1/6,000）
500m
史跡斎宮跡の史跡範囲
（斎王の森）
方格地割（区画名）
エンマ川
上園北
宮ノ前北
下園西
〔寮庫〕
下園東
〔寮庫〕
西加座北
東加座
北①
東加座
北②
上園南
宮ノ前南
（10分の1模型）
（いつきのみや
歴史体験館）
御館
柳原
〔寮庁〕
西加座南
〔神殿〕
東加座
南①
東加座
南②
（さいくう平安の杜）
（斎宮駅）
〔内院〕
牛葉東
〔内院〕
（竹神社）
鍛冶山西
鍛冶山中
鍛冶山東
内山西
内山東
牛葉西
至伊勢
木葉山西
八脚門跡
木葉山東
鈴池西
鈴池東
中西西
中西東
笛川
奈良時代末期以降の斎宮跡

史跡斎宮跡概略図

四五〇尺の地割が造営され、その内部に掘立柱塀が東西四〇〇尺にわたって設置された。そして、その内部に二〇〇尺の内郭を区切る掘立柱塀が設置され、さらに東にも掘立柱塀が一六〇尺拡張された(東区画)。この内郭の中心建物(想定斎王御殿)は未確認だが、背後に東西棟建物や倉庫が見られ、東区画には斎宮で最大級の二面庇《ひさし》付東西棟建物(大盤所か)や倉庫が並ぶ。天長元年(八二四)斎宮が度会郡の離宮に移転し、承和六年(八三九)にふたたび戻ってくるが、外郭の掘立柱塀は消失し方格地割の意識が低下しているという。一〇世紀前半以降は内院のすべての機能が西区域の牛葉東区画に集約され、やがて平安時代後期から機能していたのは内院とその北部の御館・柳原《やなぎはら》・西加座《にしかざ》南区画に限られ、方格地割西の広頭《ひろこうべ》地区に新たに官衙施設が造られるなど、再編成されていった様子がうかがえるという。

次に、西加座南区画の南西部四分の一を占める施設の中心建物である東西棟建物には目隠塀があり、南北棟建物とともに四隅が開口する深い溝をめぐらす特異構造から、主神司の神殿施設と推定されている。ただ時期は若干後出とされている。この北側の西加座北区画では東西棟建物が一定間隔で、南北四棟、東西四列規則正しく配置されており、蔵部司所管の寮庫に相当すると見られている。そのほか、木葉山《こばやま》西区画で発掘された八脚《はっきゃく》門は度会郡の離宮院跡で発掘された八脚門や神宮の外玉垣御門の規模に匹敵するという。

一方、柳原区画は八世紀後葉から一二世紀に至る官衙建物が造営されていたことがわかった。

特に九世紀初頭から一一世紀に及ぶ約二〇〇年間、区画のほぼ中央には三間四面庇付建物が、少なくとも五回にわたり建て替えられており、その前方左右には正殿と見られる四面庇付建物と五間三面庇付建物・五間一面庇付建物が、北には小規模建物八棟が棟を揃えて並んでいた。大型建物の規模・格式・配置は国司館級であり「斎宮寮庁」として想定し復元(4頁の写真)されているが、儀礼や饗宴場という説もある。

もう一つの大きな発見は、古代伊勢道の発見で両側溝《そっこう》の心々《しんしん》間が約九㍍、路面幅は約八㍍で側溝が約一㍍と推定復元されており、遅くとも奈良時代前期には機能していたと考えられており、奈良時代中期から後期に側溝がいったん埋没するが、方格地割造営後も存続していた箇所では、平安時代後期に再度浅くて幅の広い側溝が掘削されているという。

墨書土器に見る斎宮

一方、史跡西部の段丘近辺からは、掘立柱建物や竪穴住居の棟方向が約三〇度前後東へ偏る斜方位を示す一群と正方位の一群が出土していた。近年の発掘成果では前者は飛鳥時代に遡る区画とされその時代の正倉跡も出土しだしており、後者は奈良時代と平安時代の区画とされている。また、古代伊勢道から分岐してこの区画に向かって南下する、奈良時代以前の幅約八㍍の道路遺構も確認されている。したがって、初期斎宮はこの地域にあったと見てよいであろう。

「少允殿」斎宮跡出土
墨書土器

平安時代末期成立の「新任弁官抄《しんにんべんかんしょう》」によれば、斎王の住む内院と斎宮寮頭《かみ》が政務を掌る中院があり、これらの建物は檜皮葺《ひわだぶき》で、外院にある五、六十の建物は萱葺《かやぶき》で民屋のようとある。また、斎宮跡では礎石や瓦葺の建物がないという特徴があり、瓦は寺院に使用されるので避けたのであろうと言われている。瓦の破片が出土しているので今後の調査の進展にもよるが、斎宮式に寮官諸司や斎宮中の男女の仏事には祓が科せられているので（第五章3）、仏教忌避の原則が働いていた可能性は高いと思われる。

ところで、斎宮跡の遺構からは、都城や官衙から出土する蹄脚硯《ていきゃくけん》や緑釉陶器《りょくゆうとうき》片を始め大量の遺物が出ているが、ここでは斎宮寮役所に関わる文字資料を挙げておきたい。「□寮」と墨書された平安時代の須恵器（盤《さら》）や「少允殿《しょういんどの》」（允は判官《じょう》のこと）・「目代」（代官）と墨書された平安時代の灰釉陶器《かいゆうとうき》（皿）、「厨《くりや》」と墨書された平安時代の須恵器（坏《つき》・坏蓋）が出土している。また「水司」と墨書された奈良時代の土師器（坏）や、「水司鴨三」と刻書された奈良時代の土師器（皿）、「水部」（カ）と墨書された奈良時代末の須恵器（坏蓋）、「水司鴨□」と刻書《こくしょ》された平安の土師器（坏）が出土し、都と同様水部《もいとりべ》を鴨氏が担当していたことが推測される。また「蔵長」「蔵」と墨書された平安時代の土師器（坏）や、「膳」と墨書された平安時代の須恵器（盤）、「殿司」（カ）

「殿」(カ)と墨書された平安時代の土師器(坏)、「炊」と墨書された平安時代の土師器(椀)などが出土しており、寮の諸司名も明らかになりつつある。また、内院に推定されている牛葉東区画の外周溝から、一一世紀後半代の「いろは歌」を記したひらがな墨書土器の土師器小皿が出土しており、斎宮に奉仕していた女性が記した習書と考えられている。そのほか、奈良時代前半の須恵器の供給元を特定できる「美濃」国銘の刻印須恵器も出土している(第六章2写真)。

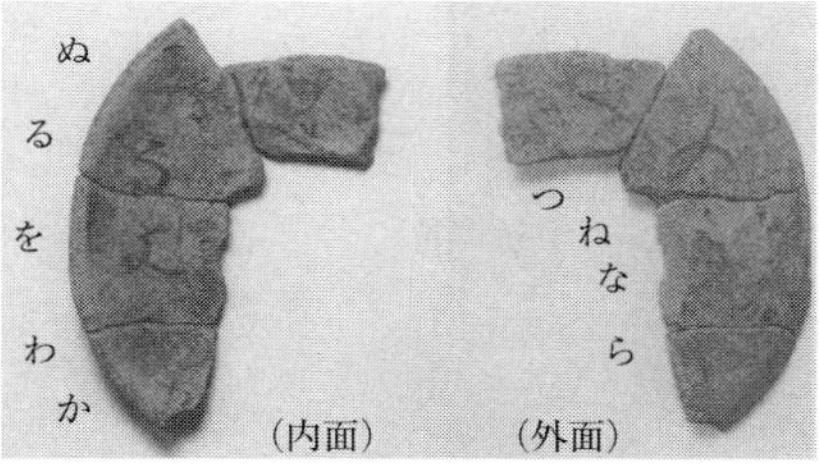

「いろは歌」ひらがな墨書土器

離宮院の移転と離宮院跡

あまり知られていないが、斎王は斎宮から伊勢神宮に参入するおり、ほぼ中間地点である度会川(宮川)の手前の離宮院に入り一泊し、外宮と内宮の神事を行うたびに離宮院に一泊することになっていた。先でも述べたが、『雑例集』によれば延暦一六年(七九七)度会郡沼木郷高河原(初期離宮院)から同郡湯田郷宇羽西村(伊勢市小俣町、前期離宮院)に移し造ったとあり、初期離宮院の場所は月読宮東に比定されている。

時代が降るが、一四世紀の公卿洞院公賢《とういんきんかた》の日記『園大暦《えんたいりゃく》』に引用された延暦一六年の神祇官符によれば、宝亀四年(七七三)に改造して二〇年が過ぎ、大神宮御厨と斎王離宮の諸司宿舎等の建物が破損し、南北に川が通り暴水による崩壊の危険があるので移したとある。離宮院は上記記事や斎宮式から、斎王の入る離宮(内院)と禊殿や斎宮寮司の宿舎など(外院)から成り立っていたが、大神宮司(御厨)と並存していた可能性があり、先にも挙げた「新任弁官抄」によれば駅家《うまや》も付随していたらしい。三節祭には勅使も参入していたので勅使の宿泊所も存在したはずである。斎宮式によれば、離宮の修理は大神宮司が神戸の雑徭《ぞうよう》を充てるとあるが、実際には九世紀末から宮司の成功《じょうごう》(請負《うけおい》の代償として任官・位がある)によることが多くなっていく。

離宮院跡八脚門遺構

天長元年(八二四)九月、多気斎宮が大神宮から遠いので度会の離宮を卜定《ぼくじょう》し、常の斎宮とすべきと淳和《じゅんな》天皇の詔があり、度会に斎宮が移転(中期離宮院)した(『類国』)。しかし、承和六年(八三九)その斎宮で官舎百余宇が焼け、久子内親王に絹一〇〇疋などを与え安否を尋ねており、これがこのあと述べる八脚門などの火災の痕跡なのであろう。同年一二月には斎宮焼損を伊勢大神に奉幣し告げ、先に天長元年九月多気斎宮が神宮に遠く離れているので度会離宮を斎宮としたが、火災によりふたたび多気宮地を常の斎宮とすることをト定した。承和九年（八四二）七月伊勢斎内親王の離宮を造るため、伊勢・尾張両国の正税《しょうぜい》稲《とう》を充てている（後期離宮院）。

さて、離宮院跡は一九七九年に発掘調査が行われ、少なくとも二回の建て替えがあったことが判明している。平安時代前期の火災の痕跡のある八脚門を始め、門の廃絶後に築かれた平安時代後期まで使用された南北に走る土塁（築垣）・四棟の掘立柱建物・二条の溝（東の築地《ついじ》跡）などが検出されており、門跡周辺から直会用と思われる土師器や緑釉陶器の出土があった。現在、ＪＲ参宮線の宮川駅の南側に位置し、国の史跡に指定されており土塁跡が現存している。

第四章

伊勢に赴いた人々

1　祭主と奉幣使

中臣氏の天皇祈禱代理職

伊勢神宮は、皇祖神天照大神を祭るとともに国家の祈願対象でもあったため、重要な任務を帯びた人々が都からやってきた。

先に述べた大神宮司も赴任官であったが、平安時代初頭さらに祭主が令外の官の宣旨職として設置されたと言われている。『続日本後紀』に大中臣淵魚《ふちうお》が弘仁六年(八一五)から承和九年(八四二)に亡くなるまでの二八年間、伊勢大神宮祭主を兼掌したとあるのが国史の初見であり、遅くとも弘仁六年にはその職は置かれていた。一方、神宮側の史料である『雑事記』によれば、それより早く弘仁三年(八一二)九月豊受宮遷宮のさい「祭主」大中臣諸人《もろひと》は父の死亡により休みをとり供奉しなかったとあり、また『祭主補任』には天長元年(八二四)に大中臣礒守《いそもり》が「祭主」とあるなど国史と説が異なるが、九世紀前半に登場した職名であることは確かである。

すでに、延暦一二年(七九三)閏一一月以前、参議大中臣諸魚《もろうお》は家譜を提出し、中臣朝臣が神祇伯に任じられるのは天照大神の神主のようなものだと代々相承《うけたまわ》り、喪に遭っても解任されないものである(『紀略』)と述べていたように、大中臣諸魚には神祇伯中臣朝臣が天照大神の神主という意識があったことがわかる。大中臣氏のこの意識が祭主を生んだのであろう。大神宮式には、祭主は神祇官五位以上の中臣を任用した場合の規定があり、また次の項で述べる神宮への四度使には祭主が奉仕することになっていた。役割としては祝詞奏上により天皇の意志を神に伝えることなど重要な任務を果たすことになる。そのため大神宮式によれば神祇官五位以上の中臣氏の場合には、初年に稲一万束という高給を支給されることになっていた。

承和九年(八四二)に、大中臣淵魚が伊勢神宮や八幡宮の祟りを鎮めるため祈禱を命じられている。これ以降祭主の職掌としてこの祈禱が制度化されていき、なかでも藤原道長の信任の厚かった大中臣輔親《すけちか》は、長元七年(一〇三四)初めて祭主自ら七日間神宮で参籠し祈禱を行い、それが一般化するようになるという。時代が下り一一世紀前半に成立した『北山抄《ほくざんしょう》』巻六では、祭主が神祇官斎院で伊勢および諸社に祈禱することになっていた。

さて、大神宮式には神祇官符に祭主の署名がなければ、宮司らは奉《うけたまわ》り行ってはいけない、つまり符の内容の施行を禁止するという規定がある。これは延喜三年(九〇三)一二月九日の官宣旨(『祭主補任』大中臣安則条裏書)で、祭主大中臣安則の時に慣例的な署名からこのような強制力をもつものとなり、実質的に祭主が宮司を統轄する職になったとされている。

このように祭主は都の神祇官人でありながら、天皇の祈禱代理職として神宮の重職を担うことになるが、一〇世紀には祢宜が増員されたこともあり(75頁表の注3参照)、一一世紀前半にはその調整を果たした祭主が祢宜らを支配下に包摂し出すことが言われている。やがて、祭主は神宮全体に支配を及ぼすようになるが、それはこの後（本章3）述べることになろう。

中臣氏の四度使占有

伊勢神宮へは、祭祀や国家の重大事に際し天皇の意志を伝えるため、使者がたびたび派遣された。神宮へ幣帛を奉る奉幣使《ほうべいし》（幣帛使）は二通りあり、毎年恒例の場合と臨時奉幣の場合があった。とりわけ、祈年祭・月次祭（二回）・神嘗祭への使者が重要で四度使《よどのつかい》と呼ばれたが、中でも神嘗祭使は後に（伊勢）例幣使《れいへいし》とも呼ばれた。

奉幣使は、養老令に規定があったが、その施行が遅れたため天平二年（七三〇）閏六月、神宮への奉幣は卜《うらな》いに合った五位以上を使者とし、六位以下は任用ができなくなった。大神宮式によれば四度使は、中臣として先に述べたように祭主（中臣氏）が供奉することになっていたが、差し障《さわ》りがあった場合のみ、神祇官や諸司官人か散位の中臣氏で五位以上が選ばれ、それでも差し障りがあれば六位の者が勤仕することになっていた。また、斎王の初参のときは必ず五位以上を用いることになっていた。

ところで使者としての中臣・忌部は、天平七年（七三五）七月忌部虫名《むしな》らの訴えにより時々の記録を検討し、忌部等を幣帛使として派遣することを許した。しかし、天平勝宝九歳(七五七)六月神宮幣帛使は今後中臣朝臣に限られることとなったが、大同二年(八〇七)成立の『古語拾遺』筆者の斎部広成《いんべのひろなり》は、そのことは行われなかったと述べており不明な点が多い。結局、大同元年に中臣・忌部両氏の奉幣使をめぐる訴えがあり、「常祀」(神嘗祭)以外の奉幣使は必ず両氏を取り用いることとし、そのほかは令条によることとなった。奈良時代から平安時代初めにかけて、同じ祭祀関係氏族として劣勢にたたされた忌部氏は、中臣氏に対し大いに不満をつのらせていたことがこの背景にはあるが、逆に言えば中臣氏の奉幣使占有への意識も高かったと言える。

さて、四度使のうち神嘗祭使は『儀式』『延喜式』では諸王五位以上と神祇官中臣・忌部各一人で、五位以上の王四人の中から王一人が卜定されることになっていた。それに執幣《しっぺい》五人・(後に卜部)などが加わった。なお、四度使のうち祈年祭と月次祭の祝詞奏上は、延暦二三年(八〇四)の儀式帳段階では宮司が行っていたようで、『延喜式』段階では幣帛使である中臣氏(祭主)が行うようになっており、これは弘仁式から変化したといわれている。また、祈年祭や月次祭の使者は中臣氏(祭主職)だけであった可能性があり、「止由気宮儀式帳」にも使中臣としか見えない。ちなみに祈年や月次祭の使者が参入するとき、大神宮司の卜部が多気川(磯部川、現在の祓川)で迎えて祓を行うことになっていた。

公卿勅使の登場

伊勢神宮への臨時奉幣の主たる使者は王に限定されておらず、中臣・忌部・卜部が参加することになっていた。臨時の奉幣使の実例では、ほぼ四位以上の位階を有し参議以上の者が多く、仁和三年(八八七)以降、公卿勅使《くぎょうちょくし》を除くと臣下から王の参加が一般的となっていたようだ。

ところで伊勢神宮使者の中で、公卿勅使は平安時代後期の儀式書である『江家次第《ごうけしだい》』によると、参議もしくは三位以上の天皇に侍る臣が勅使となり、それに王・中臣・忌部・執幣者(占〈卜〉部)が随行する形式で、臨時の奉幣使の使者形式とは異なるものであった。なお、一〇世紀成立の儀式書である『西宮記《さいきゅうき》』(壬生《みぶ》本)にもあるが、これは『江家次第』と同文で誤って採録されたものという。

大江匡房《まさふさ》の日記である『江記《ごうき》』に、寛治四年(一〇九〇)「公卿勅使」の用語が初めて見えるが、公卿勅使の制度は平安時代中期の儀式書である『北山抄《ほくざんしょう》』巻六によれば延暦以来臨時に公卿を使者とする場合や、仁和三年(八八七)四月のおりにも王が派遣されなかった例があったところから、寛平六年(八九四)の海賊襲撃に際し宇多朝に創始されたと言われている。また、寛弘二年(一〇〇五)一条天皇以来、宸筆《しんぴつ》宣命を公卿勅使に授与することが、しばしば行われるようになった。さらに、宇多天皇以降摂関期までの天皇は、よほどの大事以外に公卿勅使を神宮に派遣することはなかったが、院政期に入ると公卿勅使の派遣回数は飛躍的に増加したという。「伊勢公卿勅使雑例」（「伊勢勅使部類記」）には伊勢奉幣使雑例として、「穢《けがれ》物路《ろ》頭《とう》に在《あ》るも参宮の例」から「奉幣使中臣途中にて穢気の例」にいたる多くの事例が抄出・分類されており、当時の勅使参向のおりさまざまな異変に対処していたことを知ることができる。

奉幣使や使者をもてなす

そのほか、臨時にさまざまな物品が神宮に奉られ使者が派遣された。

神護景雲三年（七六九）二月天下の諸社に男女神服が一具ずつ奉られたが、大神宮と月次社（月次祭対象社）には馬形と鞍も奉られ、使者（王と弁官）が派遣されており、また同四年八月には幣帛とともに赤毛馬二疋が使者（参議と左京少進大中臣氏）によって奉られている。なお、馬は祈年祭のおり、神宮などには幣物とともに奉られることになっていた。

このほか、臨時の奉幣使として、『令義解』説では天皇即位のさいの大幣として「金水桶・金線柱《きんのたたり》」が奉じられている。なお、二〇年に一度の遷宮に際しては、社殿建築に関わる造宮使や神宝（第五章2）・装束を神宮へ送付する神宝使が派遣されることになっていた。神宝奉献使者は、遅くとも嘉承二年（八四九）には派遣されていたが、こちらは太政官の弁・史《さかん》、神祇官史などが勤めることになっており、これが遷宮のさい派遣される朝廷の正使であった。また、仁和四年(八八八)一一月大神宝使《だいじんぽうし》が派遣されたが、この時の大神宝使は大嘗祭を前にした一代一度の大神宝使の制の始まりと言われている。

平安時代の中頃、祈年祭が衰退する一方で祈年穀《きねんこく》奉幣が開始された。祈年穀奉幣は延喜二年(九〇二)を初見としており、その内容から天長九年(八三二)七月が始まりのようだ。祈年穀奉幣は、春秋二月・七月(四月・七月、もしくは五月・八月という場合もある)、年に二回行われる天皇親祭による臨時の奉幣が恒例化したものであり、村上天皇時代の『新儀式』に項目があり、当初は伊勢神宮臨時奉幣を主としその他に一五社、その後に二一社が対象とされた。その目的は稲の成育を妨げる風雨の災いを未然に防止することであり、祈年穀奉幣使は時代が降るが『皇太神宮年中行事』によれば、九月例幣のときのようである、と述べるように、王・中臣・忌部等から成り立っていたらしい。

それ以外に、一〇世紀中頃までの使者の例を見ると、斎王が神宮に参向する参議もしくは中納言の監送使《げんそうし》や斎王を迎えに行く奉迎使《ほうげいし》、また斎王の帰京を神宮へ報告する使者(中臣氏)などがあった。

奉幣使が伊勢に至る間、通過する国々では国司の祗承《しぞう》(もてなし)が行われた。貞観四年(八六二)、神宮の四時祭や臨時幣帛使のおり国司一人が、道路の汚穢を掃《は》き清めるように定めている。元慶六年(八八二)には、さらに山城国司も幣帛使に祗承させることになったが、もともとは国司の四等官である目《さかん》以上一人が郡司・健児《こんでい》等を率いて祇承していたとあり、「伊勢国計会帳」断簡(『大日本古文書』二四)によれば、遅くとも天平八年(七三六)から目以上一人が祇承する慣行があったようだ。

以上のように、都から伊勢神宮へはたびたび奉幣使が派遣され、また斎宮へも使者が派遣されていた。またその往還に対して、通過国の国司がもてなしをし郡司なども動員されていたのである。

2　斎王、伊勢への道

伊勢への行路

都から斎宮に派遣された人々の頂点に斎王がいた。そこで、斎王が都から斎宮に至る行路について斎宮式を見てみよう。

斎王は天皇が即位したとき定められ、内親王の未婚女性を簡《えら》び卜定《ぼくじょう》すること(斎内親王)になっていた。このような即位儀礼の一環として、斎王卜定が含まれたのは先にも述べたように天武朝とみなしてよいであろう。もし内親王がいなければ、女王を簡び定め卜定する規定であった。斎王が定まると平安宮内のふさわしい場所を卜定し、まず初斎院として禊《みそぎ》し、翌年七月まで初斎院で斎戒《ものいみ》する。さらに平安宮外の清浄な場所を卜定し野宮《ののみや》を造り、八月上旬に吉日を卜定し川に臨み禊し、さらに翌年の八月まで野宮で斎戒した。そして、九月上旬に吉日を卜定し、ようやく伊勢の斎宮に入ることになったのである。それまで朔の日には、木綿蔓《ゆうのかずら》をつけ斎殿で天照大神を遥拝することになっていた。

ところで、都で斎王が卜定された時の斎宮にかかわる建物跡が平安京で出土している。それは一九九九年に発掘された平安京の右京三条二坊一六町の平安貴族の邸宅跡で、その邸宅の池から「斎宮」「斎雑所」「斎舎所」と墨書された灰釉陶器《かいゆうとうき》が出土した。どの斎王（斎宮）の時代か限定できないが、斎王が選ばれると寝殿の四面や内外の門に賢木《さかき》（榊）が立てられ斎王は潔斎期間に入るので、その斎王を出した貴族の邸宅跡の可能性が高い。

さて、発遣の儀は九月一一日、天皇が宮中の八省院に行幸し大神宮に奉幣するとともに、天皇は大極殿後殿《だいごくでんこうでん》（小安殿《しょうあんでん》、平城宮では内安殿《ないあんでん》）の御座に出御し、斎王が輿《こし》より殿上の座に着き、儀式（別れの御櫛《おぐし》の儀）が終わると大神宮に向かった。その時、『江家次第』には天皇が「京の方に赴《おもむ》き給うな」と勅すとあり、斎王としての覚悟を伝えたものであろう。

京を出てから、その行程は、一日目が京から白河（禊）→山科→会坂《えさか》（禊）→勢多川（禊）→近江国府、二日目が近江国府から井水（禊）→甲賀川（禊）→甲賀頓宮《かりのみや》、三日目が甲賀頓宮→垂水《たるみ》頓宮、四日目が垂水頓宮→伊賀市柘植《つげ》の山口→鈴鹿峠（禊）→鈴鹿頓宮、五日目は鈴鹿頓宮→鈴鹿川

（禊）→安濃川三瀬→津の藤方→雲出川→壱志頓宮、六日目が壱志頓宮→六軒→下樋小川（禊）→櫛田川→多気川（禊）→伊勢斎宮と、計六日の旅であった。近江国府・甲賀・垂水、伊勢国の鈴鹿・壱志の五頓宮は、各国の負担で造営することになっていた。仁和二年（八八六）、鈴鹿峠を越える「阿須波《あすは》道」（近江国新道）が開通すると、この年の繁子内親王からこの道を通った。仁和以前の飛鳥・藤原京時代は、横大路《よこおおじ》から桜井→初瀬→榛原《はいばら》→伊賀名張→青山（阿保）（青山峠ではなく、塩見峠説あり）→伊勢川口→波多（壱志）が斎宮のルートと推測される。和銅八年（七一五）六月都祁《つげ》の山道が開かれてから、天理櫟本《いちのもと》から都祁の山道を通り、深野から伊賀名張のルートをとり、長岡京時代の朝原内親王は平城京から出発したが、平安京遷都後から仁和二年までは平安京→近江勢多（国府）→甲賀→倉歴《くらふ》→伊賀柘植の山口→加太《かぶと》越え→伊勢鈴鹿→一志のルートをとり斎宮に向かったと推定されている。臨行には監送使（長奉送使）と斎宮官人、女官など数百人の長い行列となった。

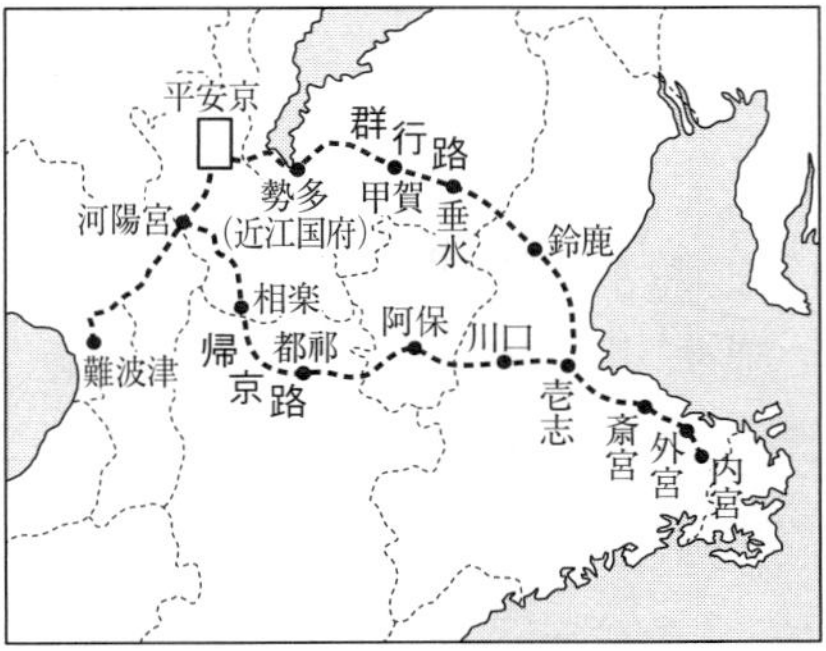

平安時代（仁和2年以降）の群行路・帰京路

以上のように、斎王は斎宮式に京にあって潔斎すること三年、祝詞式にも「三年斎《いわ》い清まわりて」とあるように、卜定されてから三年目に入ってようやく斎宮に入れたのである。これらの過程は、まさに時間をかけて精進潔斎をし心身ともに穢がない状態になり、初めて天照大神に奉仕できることを象徴するものである。このような行為は神宮の中でも徹底されるべきものであったことは先に述べたが、この斎王巡行の過程でも要請されていた。斎王が伊勢国に至る日、度会郡二見郷の磯部氏から童男を卜って戸座《へざ》（一人）とし、火炬《ひたき》（二人）に同郡の童女を卜って用い、成長すると交替させた。臨時祭式によれば戸座は神祇官にも置かれたが、天平三年（七三一）の聖武天皇の勅によれば、阿波国（男帝）・備前国（女帝）・備中国（皇后宮）の壬生《みぶ》や海部《あまべ》から奉仕させることになっていた（『類三』）。野宮においても戸座（山城国愛宕《おたぎ》郡鴨県主《かものあがたぬし》氏の童子）・火炬（同国葛野《かどの》郡秦《はた》氏の童女）が初斎院から大神宮参入（斎宮）まで奉仕することになっていた。戸座と火炬は斎王に奉仕し竈《かまど》や火に関係する職掌で、ここでも穢を避ける意味で童子・童女が選ばれたのである。

帰京と伊勢での生活

今度は交替のために斎王が京に戻る時の規定を斎宮式から見てみよう。

まず神宮にその旨を伝えるため使者を派遣するが、もし天皇崩御のための国哀《こくあい》や親の喪に遭えば、中臣一人が派遣されその事情を告げ幣帛は奉らなかった。また斎王が事故に遭い戻る場合は最初の道を用いなかった（111頁の図参照、難波津では禊が行われる〈『江家次第』〉）が、使者が派遣され、五位・六位の官人が一人ずつ近江と伊勢の国境に出迎えることになっていた。弁一人と史生・官掌《かじょう》各一人が斎宮に参上し、取り仕切りを行い帰った。斎王の衣服や輿輦《こし》の類は、官が使者に付け送り国境上で着替えた。なお衣服は忌部に輿輦は中臣に給い、頓宮と供給の儀は斎宮に行くときの例にならった。また、京に戻るさいに斎王の所有物は、寮官以下や斎宮に近い百姓らに広く分配することにし、寝殿の物は忌部に、出居殿《でいどの》（斎王の御座所、第三章3）の物は中臣に給い、金・銀器などは斎王家に収め、幃《とばり》・幄《あく》・釜《かなえ》・瓶《かめ》・瓰《みか》の類で長く用いるものはみな伊勢国司が収納した。そして斎王が帰京するとき斎宮寮印は山城国に、主神司印や長く保存すべき公文書はみな神祇官に納め、後の典拠記録とした。このように、斎王は斎王時代の物をほぼ惜しみなく関係者に下げ渡したが、これは天照大神に奉仕した「聖界」から「俗界」への切り替えを意味するものでもあったろう。

斎王は斎宮で斎戒《ものいみ》の日常生活を送っていたが、五月・一一月晦日には近くの多気川（現在の祓川）で禊し、八月晦日には尾野《おの》（大淀浦）の湊で禊をした。また三節祭における斎王の神宮での最大の役割は、次のようなものであった。

月の一五日に離宮院に向かい、その禊殿に入ってから内院に遷《うつ》る。一六日に度会川で禊し、川を渡ってまず度会宮に参入した。外玉垣御門内の東殿につき、神宮司から命婦《みょうぶ》に渡された木綿蘰《ゆうのかずら》を著け、太玉串《ふとたまぐし》を受け取り内玉垣御門から入り座につき、前に進んで再拝両

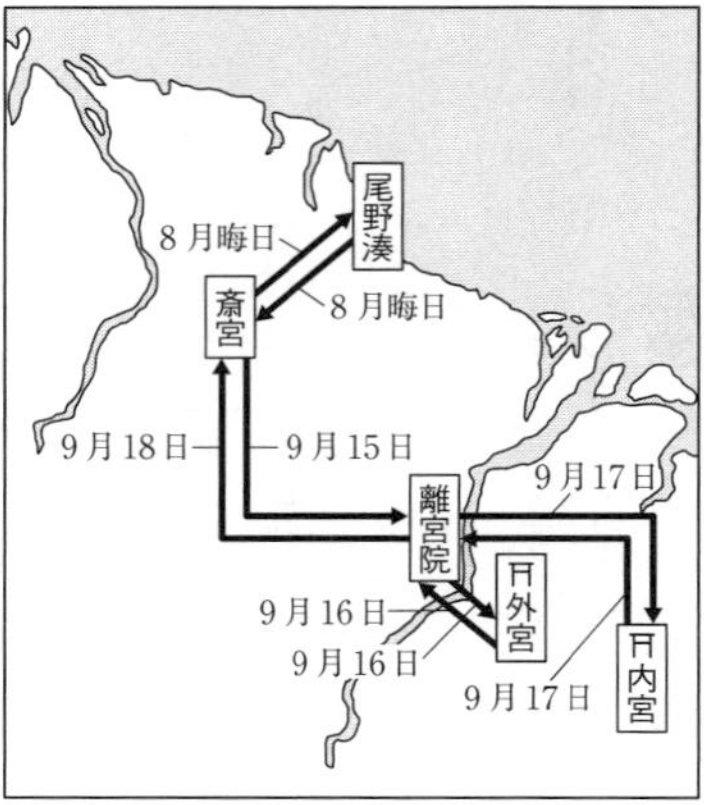

神嘗祭の斎王群行コース

段し、玉串を命婦に授けた後、それを物忌に授け瑞垣門の西の頭《ほとり》に立った。その後、斎王は戻り本座につき、宮司が祝詞を宣《の》べ物忌・内人が幣帛の案を奉じ、斎王や衆官以下は再拝し八《や》開手《ひらで》（八回手を打つ作法）を拍《う》ち、また短手《みじかて》（一回手を打つ作法）を拍ち再拝する。これを二回繰り返し、回りの官が退出すると解斎殿《げさいでん》で酒食を給った。終わると外玉垣御門から入って、倭舞《やまとまい》を神宮司以下と主神司・寮官が舞い、次に斎宮女孺四人が五節舞《ごせちのまい》をし禄を給う。その後斎王は離宮院に戻り、主神司の中臣が南門で御麻《みぬさ》を奉った。

　翌一七日に大神宮の御裳濯《みもすそ》川（現在の御手洗場付近の五十鈴川の別称）で禊し、度会宮と同じ所作を行った。この日宮司が物を献《たてまつ》り禄を賜い、奉幣使も禄を賜い、翌一八日に斎王はようやく斎宮に戻ったのである。その時、主神司の中臣が南門で御麻を奉り、大殿祭に供奉した国司に禄を賜った。

また、元日には斎王は斎宮内で大神宮を遥拝し、終わると宮の南門を開き斎宮寮頭以下門外で斎王を拝賀することになっていた。これは、都での天皇朝賀の儀にならっているのであろう。

このように、遅くとも奈良時代以降の斎王は神宮内での祭祀のさい、特別な神事行為を行っていない。天皇に近い女性皇族として、天照大神の宮内で祭祀の中心に存在するということが重要であったのであろう。そして、三節祭のおり神宮内でただ太玉串を捧げるという斎王の象徴的な所作は、本来神話伝承にある巡幸した天照大神を、御杖代として神宮の地に鎮座させたという倭姫命（伝承の皇族巫女、第一章2）の姿の最後の場面を、象徴する役割を担っていたと思われる。祝詞式の「斎内親王を入れ奉る時」の祝詞に、「御杖代《みつえしろ》と定めて進《たてまつ》り給う」とある通りであろう。

3　斎王たちの人生

奈良時代の卜定状況

少し堅い話が続いたので、ここで八世紀から一一世紀にかけて実際に斎王となった女性たちの実際の姿を時代順に追ってみたい（巻末付表3）。そこから天皇・朝廷・神宮（職員）・斎宮寮（職員）・朝使、そして関わった国々などのさまざまな実像が見えてくるであろう。

まず奈良時代の様子から見てみよう。文武天皇時代に当耆《たき》皇女・泉《いずみ》内親王・田形《たかた》内親王の三人がト定され、大宝元年(七〇一)八月斎宮司は都の官司の寮と同じ扱いになり、属官は長上《ちょうじょう》(常日勤務)となった。次の元明天皇時代の斎王は不明である。しかし、元明の娘の元正天皇時代には久勢《くせ》女王・井上《いのうえ》内親王の二人がト定された。したがって、先に見た持統天皇が女帝だから斎王を立てなかったということにはならないことになる。養老二年(七一八)に斎宮寮印が初めて用いられ官司として公文書制度が整えられ、同五年九月に首《おびと》皇太子(後の聖武天皇)の娘井上内親王が斎王となったが、平城宮の北池あたりの新築の宮に移った儀などの様子が「官曹事《かんそうじ》類《るい》」(『政事要略《せいじようりやく》』)に記録されている。このとき、右大臣長屋王らが斎王の乗った輿の先頭にたっていた。

聖武天皇時代は井上内親王が引き続き斎王を継続し、神亀四年(七二七)八月斎宮寮官人が一二一人補任され、翌五年七月、その時の斎宮寮の人員の規定が先の第三章3、89頁に掲げた表である(『類三』)。天平二年(七三〇)七月、斎宮に供給する年料(財源)が、これまでの神宮の神戸の調・庸物から官物に変更となった。実際に天平二年度の「尾張国正税帳」によれば、民部省符によって尾張国山田郡から斎宮寮に稲七〇〇束が送られている(『復元　天平諸国正税帳』)。井上内親王は退下し、天平一八年(七四六)八月ふたたび斎宮寮が置かれているところから、これより前に県《あがた》女王がト定されていたと思われ、九月三日に出発し大臣以下見送る中、門外に送り出されている。しかし、天平感宝元年(七四九)閏五月両親の喪に遭い斎宮を退出した。

孝謙天皇時代には、『一代要記《いちだいようき》』によれば天平勝宝元年(七四九)九月淳仁の兄の従三位三原王の娘小宅《おやけ》女王を斎王としたという。淳仁天皇時代、天平宝字二年(七五八)八月池田王が斎王のことを伊勢神宮に報告するために派遣され、同五年(七六一)一月に斎宮長官が任命され、八月に斎内親王が伊勢に向かっている。『斎宮記』によれば、この時の斎王は淳仁天皇の娘阿陪内親王というが根拠が薄い。『一代要記』には山於《やまのうえ》女王とあり、内親王と『続日本紀』にあるので淳仁の妹か娘の可能性があり、小宅女王退下(父三原王は天平勝宝四年に亡くなっている)から考えると娘の可能性が高いと言われている。孝謙は重祚し称徳天皇となったが斎王を置いた記録はなく、天皇の恣意によって置かれたり置かれなくなったりしていたようだ。

光仁天皇時代、宝亀二年(七七一)に気太《けた》王を遣わして斎宮を伊勢国に造った。同三年一一月娘の酒人《さかひと》内親王を斎王とし翌五年九月に伊勢に向かわせたが、翌六年四月には巫蠱《ふこ》(まじない)の疑いで幽閉されていた母井上内親王の喪により退下したと思われる。『一代要記』には浄庭《きよにわ》女王が宝亀三年に斎王として祭ったとあるが、酒人内親王の下に記されており、この三年は六年の誤りであろう。その間、宝亀六年八月伊勢では異常風雨(台風)のため伊勢斎宮を修理している。天応元年(七八一)正月一日、斎宮に現れた美雲は大瑞であり、神宮は国家の鎮めなので斎宮寮主典以上と宮司・祢宜・大物忌・内人、多気・度会二郡司に位二級が加えられた。

このように、光仁天皇のもとふたたび斎王が置かれるようになり、こののち南北朝の後醍醐天皇の斎王卜定まで、途切れることなく斎王派遣は続くことになる。

平安時代初期の充実化

桓武天皇は即位すると、翌天応二年に前斎王酒人内親王との子でわずか四歳の娘朝原《あさはら》内親王を斎王に卜定した(『一代要記』)。延暦三年(七八四)長岡京に遷都し、翌四年四月に造斎宮長官紀《きの》作良《つくら》が任命され、このときに第三章3で述べたように、斎宮の方格地割が整備されたことが発掘調査で明らかになっている。七月に斎宮頭が任命され八月に天皇は平城宮に行幸し、そこで斎戒していた七歳の内親王を自ら見送る儀に臨み、九月に伊勢神宮に向かった。同一五年(七九六)二月一七歳の朝原斎王が帰京を欲したので頓宮を大和国に造り、三月に斎王を迎えるための使者を派遣している(『類国』)。斎王が斎宮に居る間に都は平安京に遷っていた。

延暦一六年(七九七)、朝原内親王の替わりに桓武と中臣丸豊子《なかとみのわにのとよこ》との間の娘布勢《ふせ》内親王が斎王となった(同上)。先に述べたが、この年に離宮院は宮川の西に移転している(第三章3)。この斎王の時の延暦二〇年九月、伊勢大神の封戸《ふこ》の調絁《あしぎぬ》三〇〇疋・庸米三〇〇斛は斎宮寮の雑用にあて、諸国から送られていた斎宮用の同量の絁・庸米は神祇官に入ることになり(『新抄格勅符抄』)、斎宮財政の収入先が大きく変化した(第六章2)。同二三年(八〇四)に斎宮寮は白雀を都に献上している。同二五年三月父恒武の死により大和・伊賀両国に斎王帰京のため行宮が造られ、四月に迎えの使者が伊勢国に派遣された。布勢内親王は弘仁三年(八一二)八月に亡くなり(『一代要記』)、一一月に墾田七七二町を東西二寺に施入した。これが後に伊勢国多気郡・飯野郡に広がる有名な川合《かわい》・大国荘となる。

さて、嵯峨天皇は大同四年(八〇九)八月に娘仁子《よしこ》内親王を斎王とし(『類国』)、弘仁二年(八一一)九月伊勢に入った。その年の十一月、伊勢国では近頃事案が多く百姓が仕事を乱されているので今年の田租は免除するという詔が出されている。その事案とは、嵯峨天皇の大嘗祭《おおなめ》(悠《ゆ》紀《き》国)の供奉や薬子《くすこ》の変のため農業ができず、今また遷宮のための神宮造営で休めないということ、そして今回の斎王交替などの送迎奉仕で休めないため、息つく暇がないというものであった。同五年六月祭のおり、斎宮寮頭と祢宜が口論になり、祢宜が禄物を賜らなかったため宮司は朝廷に上奏し、七月に官使がやって来て寮頭は怠状《たいじょう》を提出することになり、八月に祢宜は改めて斎王から恩言と被物《かづけもの》の御衣一襲《かさね》を給わったという(『雑事記』)。

度会離宮が斎宮だった時代

弘仁一四年(八二三)仁子内親王が退下し(『類国』)、淳和天皇は娘氏子《うじこ》内親王を斎王とした(『一代要記』)。翌天長元年(八二四)九月、多気斎宮が神宮から離れて不便なので度会離宮を卜定し斎宮とすることを詔している(『類国』)。『雑例集』によれば、翌二年に勅使が伊勢国に派遣され、多気郡の良い土地を選び初めて斎宮寮院が建てられ、氏子内親王が群行したとあるが、これは多気郡ではなく度会郡の誤りであろう。ところが、氏子内親王は病気がちで同四年帰京している（『類国』）。そのため、翌五年に宜子《よしこ》女王を斎王とし同七年に伊勢に参入した（同上）。このとき、右大臣藤原緒嗣《おつぐ》は外記《げき》らが斎王の去留を申上しなかった不手際に対し、斎王の伊勢参入は国家大事と述べ戒めている（『類符』）。

天長一〇年（八三三）仁明《にんみょう》天皇が即位すると娘久子《ひさこ》内親王が斎王となり、承和二年（八三五）伊勢神宮に発遣された。その約四年後の承和六年一一月、斎宮で官舎百余宇が焼ける大火災があり、そのため絹一〇〇疋などを久子内親王に送り安否を問うており、度会離宮の斎宮の建物群が充実していたことがうかがえる（第三章3）。一二月に伊勢神宮に斎宮焼損のため奉幣が行われたが、火災によりふたたび多気宮地を常の斎宮とすることが卜定された。そして、同八年七月焼失した離宮造営のための費用として、伊勢・尾張両国の正税稲《しょうぜいとう》が充てられることになった。結局、約一五年しか度会離宮は斎宮として存在しなかったことになる。同一二年には斎宮寮頭《かみ》と助《すけ》が伊勢神宮と多気・度会両神郡雑務を担当することになり、それまで国司や宮司が行っていた役割を斎宮寮頭らが関与することになる（第六章3参照）。嘉祥三年（八五〇）、父仁明天皇が亡くなったため久子内親王は退下した。

『伊勢物語』に描かれた斎王

清和天皇が九歳で即位すると貞観元年(八五九)恬子《やすこ》内親王が斎王となり、同三年にはあらかじめ役夫一〇〇人・馬二九五疋を近江・伊賀・伊勢国司に命じ、九月に派遣となった。同六年(八六四)には斎宮の主神司に銅印一面が充てられており、主神司が斎宮寮とは別の権限を持つ扱いであったことがわかる(第三章3)。九月一五日恬子内親王が離宮院に行く途中、斎宮東の鈎田《かぎた》の橋桁《はしげた》が破損し女官一人が乗馬したまま落ちたため、宮司大中臣岑雄《みねお》に怠状を進めさせ職務停止となったという(『雑事記』)。同八年(八六六)五月には国内に疫病が蔓延《まんえん》したため、恬子内親王の六月祭の神宮入りが停止となり宮司が替わりに供奉することになった(第三章1)。また、同年九月には斎宮寮の允《じょう》以上に穢があり祭祀に奉仕できないので、勅使藤原諸房《もろふさ》が派遣され神宮に向かいその代理を行っている。同九年二月には斎宮寮に火事があり官舎一二宇が焼けており、同一〇年(八六八)一月には斎宮寮助の藤原豊本《とよもと》が史生 県 造《あがたのみやつこ》富世《とみよ》によって殺害される事件があり、一〇月に富世は遠流《おんる》となった。

ところで、『伊勢物語』は伊勢斎宮関係の話からくる書名とも言われるように、六九段に次のような斎王の話が見える。主人公が狩りの使者として伊勢国に行ったとき「斎宮」が世話をし、夜中に話をし歌を交わしたがふたたび会うことはかなわず尾張国に去った話である。最後に「斎宮は水のおの御時、文徳天皇の御むすめ、惟喬《これたか》の親王の妹」とあり、斎王は恬子内親王のことと考えられる。また、主人公は在原業平《ありわらのなりひら》と言われており、『古今和歌集』巻一三には在原業平の恋歌と返し歌が載せられており、「高階氏系図《たかしな》」には高階師尚《もろなお》の母は恬子内親王で業平と密通した子とある(『群書類従』系譜部)。物語ではあるが、伊勢国守が斎宮寮の長官を兼任していること、酒宴を設けた話や坏皿に歌を書いて応答したこと、など事実に即したような興味深い内容が見られる。なお、後日談として『伊勢物語』七〇段に狩の使者が大淀の渡りで斎宮の童女に歌を詠んでいるが、大淀は現在の多気郡明和町大淀の海岸の渡し場のことであろう。

群行ルートの変更

さて、貞観一九年(八七七)陽成天皇が九歳で即位すると識子《さとこ》内親王が卜定され、元慶三年(八七九)九月に斎宮に入った。しかし、父清和上皇が亡くなったため翌四年一二月帰京が決まり、同五年正月帰京の際、行宮での陪従《べいじゅう》二一九人の行宮での飲食などを伊賀・伊勢国などに供給させることが命じられ、絹二〇四疋・調布三〇六端が斎宮寮に賜与され、命婦・女孺らの入京の装束費用に充てられている。その一方で、同年二月伊勢国正税稲一万束が割かれ大神宮司に付け毎年出挙《すいこ》し、その利息をもって斎宮雑舎を修理させることにし、大神宮式にも斎宮寮の官舎は大神宮司が預かり修理させるとある。

元慶八年(八八四)二月陽成の譲位にともない光孝天皇が即位、それにともない三月皇女繁子《しげこ》が斎王となり、翌月内親王とし絹五〇疋など大量の物品が賜与された。仁和二年(八八六)六月近江国の新道(阿須波道《あすはどう》)が開かれ、伊賀国旧路の頓宮が停止され、先に述べたようにそれまでの斎王群行のルートが大きく変更されている(本章2)。八月に送斎内親王使・長奉送使が決められ群行が始まったが、翌九月に長奉送使から伊勢国鈴鹿頓宮で火事があったとの奏上があった。内親王は更衣《こうい》滋野直子《しげののなおこ》の車に乗り頓宮より出たが、火事は消し止められず寝殿の匣殿《くしげどの》などに及び四屋《よんおく》に延焼したため、垣外の借屋を寝殿として内親王はそこに移った。そして、同年一〇月に勅により伊予国正税穀一〇〇〇斛と讃岐国一〇〇〇斛が斎宮寮に充てられることになった。従来斎王が神宮に入った後に、伊勢国正税穀三〇〇〇斛が新居の費用に充てられた代わりとある。ところが斎宮寮入り約一年後の翌三年(八八七)九月、光孝天皇の八月死去にともない大和・伊賀等の国に勅があり、帰京のため行宮が造られることになった。

このように斎王制度は、天皇の身体の死による天皇交替という制度に密接に関わっており、その不確定要素により斎宮での滞在期間が決まったのである。

醍醐天皇時代の斎王

光孝のあとを急遽継いだ宇多天皇の即位後、仁和五年(八八九)二月元子《もとこ》女王が斎王となり(『紀略』)、宇多は翌月飯野郡を一代限りの神郡としている(同上)。その宇多天皇が譲位のさいに皇太子敦仁《あつひと》親王（醍醐天皇）に書き贈った「寛平御遺誡《かんぴょうのごゆいかい》」の中で、「斎宮は出て外国《とつくに》にあり、用途《ようど》繁しといえども料物足らず。その申し請うに随いて量《はか》りて進止《しんじ》すべし。ただし、寮の司はよくよくこれを選びて任ずべし」と述べている。

寛平九年（八九七）八月、醍醐天皇の即位により柔子《やすこ》内親王が斎王となった（『紀略』）。昌泰二年（八九九）九月に斎王は伊勢に向かった。一四日に斎宮が未修理のため離宮院に入ったが馬の落胎《らくたい》の穢があり、斎王は一五日に参入せず幣帛使らは五日間の穢が過ぎてから奉幣し帰京したという（『西宮記』）。翌三年斎宮寮に権史生《ごんの》が一人増員され、衣・粮は寮の舎人《とねり》一人料を充てることになった（『三代格』）。それからしばらく経った延喜一三年（九一三）九月、中納言藤原定方《さだかた》らが斎宮に派遣され病に悩む内親王を見舞っており（『紀略』）、翌年にも病のための奉幣がなされており（『貞信公記』）、長期にわたって斎王は病気であったことがわかる。

同二二年（九二二）六月の月次祭の参宮のおりは、洪水によりしばらく離宮院に止まってから両宮に参入し（『雑事記』）、その一〇月には斎宮寮で失火があった（『扶桑略記』）。延長四年（九二六）には、斎宮での闘乱事件のことが勘問され奏上されている（『貞信公記』）。同八年九月斎宮後院の奏上により、蔵人所から内外宮に参るため装束費用などが送られたが（『西宮記』）、醍醐天皇譲位により退下となった（『紀略』）。柔子内親王の斎王期間は醍醐天皇の治世が長かったこともあるが、斎王制度が確立して以来最長の約三三年にわたっている。したがって、柔子斎王は大神宮の遷宮に二回奉仕することになった。

六人の斎王

延長八年（九三〇）、醍醐天皇が亡くなった後を継いだのは八歳の朱雀《すざく》天皇であり、翌承平元年（九三一）一一月雅子《まさこ》内親王が斎王に卜定された（『紀略』）。そして同三年に斎宮を修造するため使者が派遣され（『類符』）、九月伊勢に参向したが（『紀略』）、一一月に斎王の病気のため伊勢奉幣を行っている（『扶桑略記』）。同四年（九三四）六月の月次祭に斎王は斎宮から「直道《ただみち》」（直線道路）を通って豊受宮に参宮し宮内の一殿に宿泊したので、宮司は離宮院から供給物を運んで奉仕しており、これは先例によるという（『雑事記』）。

また九月の神嘗祭では、大神宮の直会のおり神宮酒殿預《さかどのあずかり》と斎宮寮門部司長《かどべのつかさのおさ》が口論し、神民と寮人以下が乱闘し勅使王や中臣らが彼等を遮《さえぎ》るとき大雨となり、恒例の倭舞などが供奉できず翌一八日に行った。そして、これらを上奏したところ、左右衛門尉《えもんのじょう》らが派遣され祢宜と寮頭に怠状を進めさせることになり、また一一月一三日に使者が神宮に派遣され、祢宜・寮頭・門部司長には上祓（第五章3参照）などが科せられ、司長は寮から追放されたという（同上）。承平六年（九三六）三月、神宮に母の喪による雅子内親王退出のための使者が派遣されており（『紀略』）、五月に伊賀・大和・山崎離宮（河陽宮）を経て入京している（『紀略』・『吏部王記』逸文）。

雅子内親王の後任として、斉子《きよこ》内親王が卜定されていたようだが、同年五月に元斎王斉子内親王が亡くなった記事(『紀略』)があり、その替わりに同年九月に徽子《よしこ》女王が八歳で卜定され(『同上』)、天慶元年(九三八)九月に斎王は伊勢に向かった(『本朝世紀』、以下『世紀』と略)。しかし、同八年正月、斎王の母が亡くなったので斎王は退下することになった(『紀略』)。そのこともあってか三月、徽子女王は近長谷寺《きんちょうこくじ》(多気町)に白玉一丸《いちがん》を施入しているが(「近長谷寺資財帳」)、同じ頃入京の用途が一物もないことを奏上している(『貞信公記』)。そのため、八月山城・大和・伊賀・伊勢などの国に命じ斎王入京のための雑具を準備させた(『世紀』)。

翌九年英子《はるこ》内親王が卜定されたが(『貞信公記』)、わずかその四ヶ月後に亡くなるという事態となった(同上)。そこで翌一〇年二月悦子《よしこ》女王を斎王に卜定し(同上)、天暦八年(九五四)九月に父重明《しげあきら》親王が亡くなった(『扶桑略記』)ため退下したと思われる。翌九年村上天皇は娘楽子《やすこ》内親王を斎王とし(『十三代要略』)、翌々年の天徳元年(九五七)伊勢に向かわせた(紀略)。応和二年(九六二)六月には斎宮南門の階下に髑髏《どくろ》が打ち入れられ、宿直人が朝見つけるという事件があり、祭主の意見で離宮院に七日間逗留し、祓ののち両宮に参ったという(『雑事記』)。康保二年(九六五)村上天皇は娘の斎王のために始笄料《しけいりょう》・装束二具・唐匣《からくしげ》・調度・屏風を送らせているが(『西宮記』)、同四年に天皇が亡くなり退下することになった(『紀略』)。

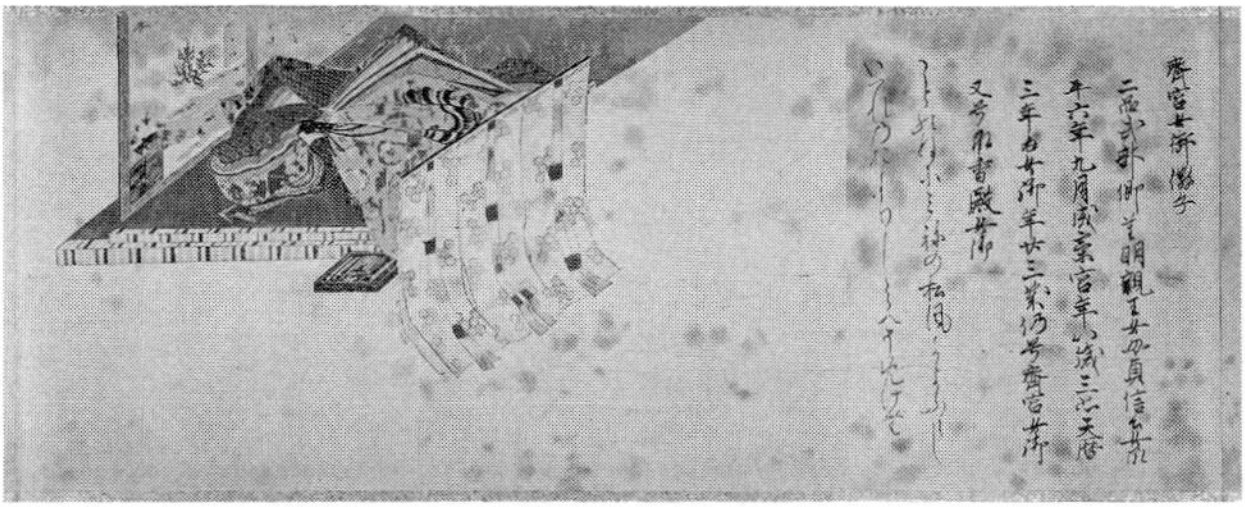

佐竹本三十六歌仙絵巻(複製)

斎宮女御

次の冷泉天皇は病のためわずか二年足らずで譲位したため、康保五年(九六八)に卜定された輔子《すけこ》内親王も初斎院からの退出となり、結局斎宮へは赴かなかった(『紀略』)。そのため、翌安和二年八月に円融天皇が即位すると隆子《たかこ》女王が卜定され(同上)、このとき大中臣親康《ちかやす》が斎宮寮内の殿舎・門塀・鳥居・築地・橋・隍《ほり》の造斎宮使に任じられたようだ(「知信記《とものぶき》紙《し》背《はい》文書」)。しかし、それから約五年後の天延二年(九七四)閏十月隆子斎王は当時流行していた疱瘡《ほうそう》で亡くなっている(『紀略』)。隆子女王は斎宮で亡くなった初めての斎王であり、葬送の宣旨が斎宮寮に下された(同上)。

そのため、翌三年二月規子《のりこ》内親王が卜定され(同上)、貞元二年(九七七)九月に京を出たが(同上)、そのおり心配だったのか斎王の母で円融女御《にょうご》となっていた元斎王の徽子女王が付き添っていた(同上)。度会郡の大淀で御禊をしたときの「大淀の　浦にたつ浪　かへらずは　松のかはらぬ　色を見ましや」という歌が『新古今和歌集』に収録されており、また「世にふれば　又も越えけり　鈴鹿山　昔の今になるにやあらん」という歌も『拾遺和歌集』に残されている。彼女の家集は『斎宮女御集』と呼ばれており、後に三十六歌仙の一人となり、鎌倉時代には絵巻物、そして江戸時代には屛風や扁額《へんがく》に描かれる斎王となった。天元四年(九八一)、斎宮寮雑舎一三宇が火事に遭ったりしたが、永観二年(九八四)八月円融天皇の譲位により帰京となった。

その年の十一月、花山天皇の即位により済子《なりこ》女王が卜定されたが(『紀略』)、済子女王は寛和二年(九八六)野宮で滝口武者平致光《たいらのむねみつ》と密通の風聞があり、その実否が問われ六月退出となった(同上)。さらに、同年八月花山天皇が突然出家したため、一条天皇が即位し恭子《たかこ》女王が卜定され、永延二年(九八八)九月伊勢に向かった(『小右記』)。長保二年(一〇〇〇)斎王が一七歳の着裳《ちゃくも》儀があることからすれば(『更級日記』)、わずか三歳くらいで斎王に卜定されたことになる。しかし、恭子女王は寛弘七年(一〇一〇)一一月に父為平《ためひら》親王の喪に遭うまで約二四年間、幼少から青春時代を斎宮で奉仕していたのである。なお、寛弘二年には都の内裏が焼亡し神鏡が焼損するという衝撃的な事件が起こっており、神宮への勅使が恭子斎王のいる斎宮を通過していて(『紀略』)、その情報を耳にしていた可能性があろう。

4　斎王をめぐる事件

神懸かり託宣事件

寛弘八年(一〇一一)、三条天皇が即位し翌九年に娘当子《まさこ》内親王が卜定された(『御堂関白記』)が、長和五年(一〇一六)正月に病気がちの三条が譲位し退下となった。藤原道長が摂政となり二月に後一条天皇が即位、それにともない嫥子《よしこ》女王が卜定された(『左経記』)。寛仁二年(一〇一八)八月斎王が伊勢に向かうため、群行に供奉する諸司・長奉送使・寮官の除目が行われている(『御堂関白記』)。

それから約一三年後の長元四年(一〇三一)、斎王が神懸《かみが》かりし託宣《たくせん》を行うという一大事件が起こった。この事件は、右大臣藤原実資《さねすけ》の日記である『小右記《しょうゆうき》』の記事から説明されることもあったが、神宮側の記録である『雑事記』の記事の信憑性を評価する研究もあるので、以下後者の記事を中心に見ていくことにする。

六月一七日の月次祭のおり、大神宮での御玉串《たまぐし》供奉の際に大雨と雷電の中、嫥子女王が斎王殿で突然叫び祭主・祢宜らの前で、荒祭宮が大神宮の勅宣によるという形で以下のような託宣を行った。その中身は、斎宮寮頭藤原相通《すけみち》と妻藤原古木古曽《こきこそ》と従者どもが、「年来われら夫婦に二所大神宮が翔《か》けつけお出ましになり、男女の子供には荒祭高宮が憑《つ》いて、女房共には五ヶ所の別宮が憑《つ》いて下さっている」と号し、また「二宮化異」(形を変えること)と称し狂言を行ったといい、これらは極めて不忠・無礼なので、相通らを配流し、また伊賀神戸の人々の訴えにより伊賀守源光清《みつきよ》も配流することを、祭主大中臣輔親《すけちか》は公家に上奏せよ、というものであった。

翌一八日、斎王は平常心に戻ったので、四御門の東の端《つま》の玉垣二間を破り開き御輿《みこし》を寄せて退出させ、洪水の恐れがあったので離宮院に帰着したが、斎王は川原殿に着座せず寮官・主神司も直会《なおらい》に列座しなかった。翌一九日に祭主が御託宣を記録し宮司・神主・寮官・主神司が署名し、祭主解状と斎宮寮解などを副《そ》えて上奏したという。

また、七月六日に両宮の祢宜や大小内人、祝部《はふりべ》等が寮頭の館に到着し、寮頭がたてた禿《ほ》倉《くら》二宇(荒祭高宮御殿と号す)を焼き払った。これは祭主下文《くだしぶみ》により二宮神官が行い申したところであるという。

『小右記』によると、斎王託宣事件は七月三日には朝廷の知るところとなり、八月に入り朝廷に祭主大中臣輔親が召された。記主藤原実資は関白藤原頼道の「消息」として、寮頭らは宝の小倉を造立し、内宮・外宮の御在所と申して雑人を召し、連日連夜神楽《かぐら》を狂ったように舞い、また神事に違《たが》い幣帛をおろそかにし、また光清は官舎の稲を運び出し放火焼亡させ神民を殺害した、という御託宣と同様の話を載せている。それ以外に、御託宣として「帝王」(天皇)は私

(荒祭神)と相交わること糸の如きなのに、天皇は敬神の心がなく何代もの天皇は神事を勤めず「百王の運」がすでに半ばを過ぎるに及んでいるという、天皇を批判するような言葉が記されている。これを伊勢が「公家」を威圧・威嚇し自らの要求を通すために編み出した言葉か、相通夫妻追放のための効果的な言葉として用いられたのかなど議論が分かれており、どちらに比重を置くかで解釈も変わってくる部分もあるが、ここでは祭主大中臣輔親の聞き取り調査の中の伝言ということだけを確認し、先を急ぐことにしよう。

八月五日相通と妻は宅内に大神宮の宝殿を造り、神威を詐称《さしょう》し民を惑わした罪で配流となり、八日にはそれぞれ佐渡と隠岐に配流となった。

事後顚末とその背景

ところが、一八・一九日に伊勢でまた託宣があり、祭主輔親は託宣を漏らしたことを罪に問われ、二〇日二度目の託宣により相通は伊豆に配流と改められた。そして二五日、神宮に参議源経頼《つねより》と昭章王らが派遣され幣帛・神宝などを奉ることになった。また、両宮の祢宜らに加階することにしたが、祭主輔親の三位叙位が問題となっている。両宮の祢宜の叙位をめぐってやり取りがあり、結局九月一一日に御幣使祭主輔親に位記をつけ、一六日に祢宜らに加階が行われた。さらに、翌長元五年(一〇三二)三月に伊勢奉幣が行われ、特別の赦により流人を召し返すこととなった。

その約二年半後の長元七年八月、祭主輔親は両宮に幣帛・神宝を届け七日間大神宮に参籠したところ、松子（松実）の中に碧玉一丸を見つけ、勅使祭主と神主らの連署による神祇官への報告があり、祭主に従三位、少司氏房《うじふさ》に従五位下が叙せられたという（『雑事記』）。

さて、嫥子斎王は本当に神懸かったのであろうか。神宮からの託宣の知らせは平安時代に入り、天元四年（九八一）天皇が不予のおり御託宣があったことが見えているが、長和三年（一〇一四）六月に当子斎王が皇后に御託宣を言上しており、長元二年（一〇二九）九月にも、伊勢荒祭神が人に憑き雑事を述べたことがある。先に述べた斎王託宣事件が一段落した長元七年（一〇三四）一一月にも、采女備後が伊勢御神の託宣として三日の内に禁中で火事がある、と述べたことが記録されている（『左経記』）。

したがって、嫥子が神懸かり託宣する背景はやはり準備されていたと言えよう。しかし、その内容が具体的かつ詳細であり、右のような大事件となったにもかかわらず、その後も斎王を務めているのである。結果から見れば、斎宮寮頭藤原相通と妻藤原古木古曽などの目に余る行為の排除が目的であったことは確かであり、それを是としない祭主輔親らが仕組んだ可能性はやはり高いであろう。

長元八年（一〇三五）九月の神嘗祭参宮のおり、嫥子斎王は度会川の洪水を恐れ離宮院に戻り、二一日に参宮しているが、祭使の祭主・宮司は式日(一一日)に参宮したという。翌九年八月、後一条天皇の死去により、嫥子内親王は約二〇年ぶりの帰京となった。

斎宮内侍の託宣

荒祭宮

長元九年(一〇三六)に御朱雀天皇が即位するとその娘良子《よしこ》内親王が斎王となり、翌長暦元年(一〇三七)六月造伊勢斎宮使に宮司大中臣兼任が補任され(『類符』)、翌二年九月斎王群行があった。

翌三年四月六日、伊勢大神の託宣があったが、世の中ではこれを秘し人は知ることがないと『扶桑略記』にある。一方、『雑事記』の同年四月一日記事には、今度は斎宮内侍《ないじ》源朝臣が私は荒祭宮であり、大神宮の勅宣によりて託宣するが去年の遷宮は非例が多く、なかでも正殿に乱入し錦・綾《あや》を納めるという行為を永久に停止すること、またその張本人の祭主大中臣佐国《すけくに》を解任し新しく補任すること、などを求め寮頭が上奏し、その結果三〇日をもって佐国の祭主職を停止したとある。この結果、祭主は伊豆に配流となった(『扶桑略記』)。祭主の正殿乱入という乱暴狼藉を、斎宮内侍が大神の託宣を借り告発し斎宮寮頭が上奏している姿は、先に見た長元元年の斎王託宣の時の祭主と斎宮寮頭の立場が逆であるが、先の斎王の託宣よりさらに政治的な手段の色合いが濃い。逆に言えば、それだけ祭主の権力が強くなっていたことを意味してもいよう。

また、それに関連して宣旨があり、両宮の官幣や式日の臨時幣物は、今後東宝殿に永く奉納すること、そして祢宜らの奏上にあった、恒例の御祭や勅使参宮のおり正殿の御門戸を開けるついでに御所の湿損を拝見するようにしたらどうか、という具体的な要望を認め、九月の神嘗祭や勅使参宮のおり拝見することになった(『雑事記』)。確かに普段閉めきられている正殿では、湿損で中の物が傷むということは切実だったと思われる。

六月になり大中臣兼興《かねおき》が祭主に任ぜられている。ところが二七日に内裏が焼亡し、七月一四日に臨時勅使が大神宮に派遣された。その二日後の一六日、また斎宮内侍が託宣し、「私は荒祭宮で皇太神宮の勅宣により、さらに託宣するに佐国を召し返せ」と述べ、そこで寮頭が主神司中臣清佐らに佐国を召し返させ、託宣のことを公家に上奏し、二九日に召し返す宣旨が下された。佐国は老病で三重郡河後《かわじり》郷に数日間逗留していたのを召し返している。ちなみに寮使の中臣清佐は佐国の孫であったという(『雑事記』)。なお、『扶桑略記』などには、召し返しの日を一九日とするが、右記事の日程では二九日の方が自然であろう。

八月七日、その託宣により祭主兼興は若狭守に遷任されたという。彼は中臣氏の一門(御食子《みけこ》を祖とする)の出身であった。二門(国子《くにこ》を祖とする)氏人らによる文武天皇二年(六九八)の中臣への旧姓復帰が二門意美麻呂《おみまろ》によってなされたため、祭主職はその子孫が継承し続けているという訴えがあったといい(『祭主補任』)、祭主職をめぐる中臣の一門氏人に対する二門氏人とのいがみあいがあったようだ。その後任については議論となり、結局一二月二七日(二六日、閏一二月二六日説あり)に、中臣氏二門の神祇大祐大中臣永輔《ながすけ》が祭主に補任された(『春記』)。こうなってくると、斎宮内侍の託宣は祭主職をめぐる政治的手段に利用されたとしか言いようがないであろう。

天皇を悩ます外宮正殿顛倒

長暦四年(一〇四〇)六月には、祭使の祭主永輔らが洪水の難のため、布衣・烏帽子《えぼし》で参宮しようとしたことから、度会川(宮川)の舟渡りの間に寮掌らと争いとなっており、寮頭が寮人をかばい仲裁を行っている(『雑事記』)。七月に入り外宮正殿などが大風で顛倒し洪水にあい御饌殿《みけどの》に御神体を遷し鎮め、八月になり遷宮が近いので仮殿を造り遷すことにしたという(同上)。

この事件に関して『春記』には詳細な記事があるが、関係する主なところを見てみよう。八月に入り宮中では天皇がこのことを聞き驚き悲嘆にくれており、記主藤原資房《すけふさ》は斎宮寮のことで不法が多く神民が愁《うれ》いていること、祢宜の移・牒文書停止について神主祢宜らが祭主永輔のことを愁いていること、とともに託宣があったことを述べている。六日には天皇は神宮行幸という前代未聞の発言を行っている。一四日には斎宮から送られた書に（一二日の）託宣があり、その託宣とは奉幣使の参入を断るものであった。そのため一五日の奉幣使は延引となり、夜中に雨になり天皇は南廊内に葉《は》薦《ごも》などを敷き、半畳の御座をつくり巽方《たつみ》（天照大神）を向き、御直衣《のうし》を着け祭文（宸筆宣命）を読んだ（『春記』）。ちなみに『侍中群要《じちゅうぐんよう》』巻七に、臨時儀式として南殿に出御するが、伊勢御祈りの時の御帳は巽角に半畳を供し御座とする、とある。その後も斎宮から託宣がしばしば届き、二五日の外宮仮殿への遷宮のおりには、天皇は庭中で御拝を行っている。

しかし、九月に天皇は心痛の余り病気となり、九日には内裏が焼亡した。その夜に、斎王が父朱雀天皇の病気平癒の代わりに、内裏で火事があると皇后宮大夫が言う夢を見たという。とは言え、この火事で三種の神器の一つである神鏡が焼け損じわずかな残存物のみとなってしまったことも大きな問題となっており、後朱雀天皇の悩みは尽きなかった。二七日ようやく外宮倒壊のことと内裏焼亡・神鏡焼損を祈る勅使が派遣され、二八日に神鏡（残存物）が新造の唐櫃《からびつ》に納められた。

一〇月、宮中では一二歳の良子斎王の翌年の着袴《ちゃっこ》が話題となっており、着裳はその後長久三年(一〇四二)六月に行われている(『更級日記』)。さらに長暦四年から長久元年と改元された一一月、斎宮寮の蔵部司の倉一宇が焼亡のため雑物など(御帳《みちょう》・帷等《とばり》)焼失の申請があり、一二月に蔵人《くろうど》を派遣し絹二〇〇疋を賜ることにした(『春記』)。長久四年(一〇四三)六月の月次祭に、斎王は外宮参宮のおりに洪水にあい、字《あざな》郡戸川原より離宮院に帰還し、日を延ばし両宮に参入したという(『雑事記』)。寛徳二年(一〇四五)正月に後朱雀天皇の譲位により退下となり四月に帰京したが(同上)、すでに父の姿はなく後冷泉天皇の代となっていた。

狼藉事件

翌寛徳三年(一〇四六)三月に嘉子《よしこ》内親王が斎宮に卜定され(『十三代要略』)、永承三年(一〇四八)九月八日斎宮に到着したが、その群行途中、馬が犬を踏み殺したり、突然馬が死んだりするような事態が続出したことがわかった。一五日の参宮に際し、祭主は穢とすべきとし検非違使《けびいし》は穢とせず続行とし意見が対立したが、結局参宮することになった。ところが、竹(多気)川で祓ののち斎王は御汗《みあせ》(生理)となり西鳥居で御輿をおりた。長奉送使の中納言らが協議し直ちに御汗殿へと述べたが、寮頭は最初はまず穢所殿にいるべきなので今日は御殿に入り明日御汗殿がよいということになり、翌一四日卯時(朝の六時前後)に御汗殿に移ったという(『雑事記』)。

翌四年六月の月次祭に嘉子斎王は参宮のため離宮院に着いたが、この時も大祓ののち御汗殿に下座し二三日に参宮することにした。そして参宮のおり、内人・物忌らが寮頭女別当《おんなべっとう》(命婦)と家司《けいし》平致重《むねしげ》を捜し乱入し、祭主が聞けば寮頭女別当らによる大神宮御領内での非法行為に対する訴えなどからであったため、寮頭は上奏している(同上)。

九月一三日になり、ようやく取り調べの勅使が斎宮に到着した。それは、去る六月の斎王参宮のおりの祢宜などの乱行を糺問したが、宮司は先妻が亡くなり服喪中なので、その二五日を過ぎて沙汰《さた》をして欲しいという要望があったからである。一五日、神嘗祭使と祭主らが離宮院に到着し、権司・少司・斎王・寮の男女官と勅使が参宮し終わったが、宣命状には先の乱行のおり斎王は神態《かみわざ》(神事)にも奉仕できず驚いていることを祈り申す、という内容であったようだ。二六日祭主・宮司・神主らが斎宮駅館院に参集し、沙汰の弁定めがあったというが、その結果は残念ながら残されていない(『雑事記』)。

一一世紀中頃の神宮祭祀のさい、祭主・斎宮寮関係者と在地における神宮側の宮司・神主らの争い、それに斎王、ひいては都の天皇や貴族まで対策にまきこまれている状況がうかがえる。そのための祭使や勅使など、多数の使者が都と伊勢神宮・斎宮の間を往復していたのである。

白霊狐射殺事件

永承六年(一〇五一)正月に敦平《あつひら》親王の死去により嘉子内親王が退下し、かわりに一〇月敬子《たかこ》女王が卜定された(『十三代要略』)。康平三年(一〇六〇)九月、斎王は御汗殿で七日過ごし、斎宮から離宮院への「直道」(直線道路)を通り参宮した(『雑事記』)。康平六年(一〇六三)、斎王の兄が死亡し本当は五ヶ月の服喪期間であるが、月を日に置き換える前例に従い五日間、通常の炊部司らの御膳を食べずに御匣殿《みくしげどの》に座し、進物所の御飯・御菜を食べたという(同上)。治暦三年(一〇六七)九月にも、斎王は離宮院に参着したが御汗殿に下り一〇日目に参宮しており、翌四年後冷泉天皇の死去にともない帰京になった。斎王も生身の人間である以上、当時穢とされたものから逃れることはできなかったが、それを切り抜けるさまざまな装置を編み出していたのである(第五章3参照)。

治暦五年(一〇六九)、後三条天皇の即位により娘俊子《としこ》内親王が斎王に卜定された。延久三年(一〇七一)九月に後三条は俊子内親王を見送ったが(『祭主補任』)、翌四年二月に俊子斎王は「御悩危急《おなやみききゅう》」とあり(『為房卿記《ためふさきょうき》』)、二〇日に天皇が三日間大神宮遥拝を行っている(『百練抄』)。

ところで『扶桑略記』によれば、延久四年(一〇七二)一二月に藤原仲季《なかすえ》が伊勢斎宮あたりで白霊狐を射殺したため、土佐国に配流となるという事件があった。それから約一世紀後の治承二年(一一七八)五月にも、院の下北面の下﨟《げろう》源競《きそう》の従者が白専女《しろとうめ》を射殺したとある(『百練抄』)。『山槐記』の閏六月五日条には源競の郎等伴武道《とものたけみち》の仕業とあるが、その仗儀《じょうぎ》(政務審議)のさい延久四年の藤原仲季事件が前例として持ち出され、そこには「霊狐〈白専女と号す〉」とある。それから約三週間後、伴武道は佐渡国に流罪となった。俊子内親王の病気が白狐と関係するかどうか不明である。斎宮寮の近辺では白狐が徘徊しており、何らかの理由でそれを射たのであろう。しかし、これが都の仗儀にかかるところを見ると、天照大神に奉仕する斎王の居る斎宮近くで、神の使者である白い動物を殺《あや》めることは禁忌の一つだったのかもしれない。

第五章

祭祀・禁忌と仏教

1　祭祀の実態

神宮の祭祀

これまで見てきたように、斎王が斎宮寮から神宮に赴くのはそこで行われる三節祭のためであった。また、天皇が祭主・勅使・奉幣使などを通じて、その意志を皇祖神天照大神に伝えるためにも、奉幣・祝詞奏上という作法が祭祀の場で行われていることを垣間見てきた。

では、伊勢神宮で行われる祭祀とはどのようなものだったのであろうか。それは、大きく見て毎年行われる祭祀と、二〇年に一度行われる遷宮のさいの祭祀に分けられる。神宮で毎年行われる主な祭祀は、六・一二月の月次《つきなみ》祭と九月の神嘗《かんなめ》祭の三節祭と、朝廷から奉幣がある祈年祭であった。神祇令には国家の祭祀として祈年祭・月次祭が規定されているが、伊勢神宮のみに関わる祭祀として孟夏(四月)・季秋(九月)の神衣《かんみそ》祭と季秋(九月)の神嘗祭が規定されており、神衣祭には朝廷の勅使が参加しないものの、朝廷が重視していたことが知られる。どのような内容の祭祀か、大神宮式を中心に紹介しよう。

【祈年祭】　都では、祈年祭は二月に行われる稲作の予祝祭祀で、神祇官に全国から参集した各社の祝部《はふりべ》らに対して幣帛を班《わか》つ律令制国家最大の(班幣《はんぺい》)祭祀である。延暦一七年(七九八)官幣と国幣に別れ（『類国』）、神祇官での班幣対象は畿内と七道の有力社に縮小され、多くは国司からの班幣となった。しかし、神宮は別扱いで朝廷の使者が幣帛を持参し、まず外宮、次に内宮に参り奉幣が行われることになっていた。二宮の摂社の幣は宮司が班ち、祢宜が各社に班ち奉ることになっていた。

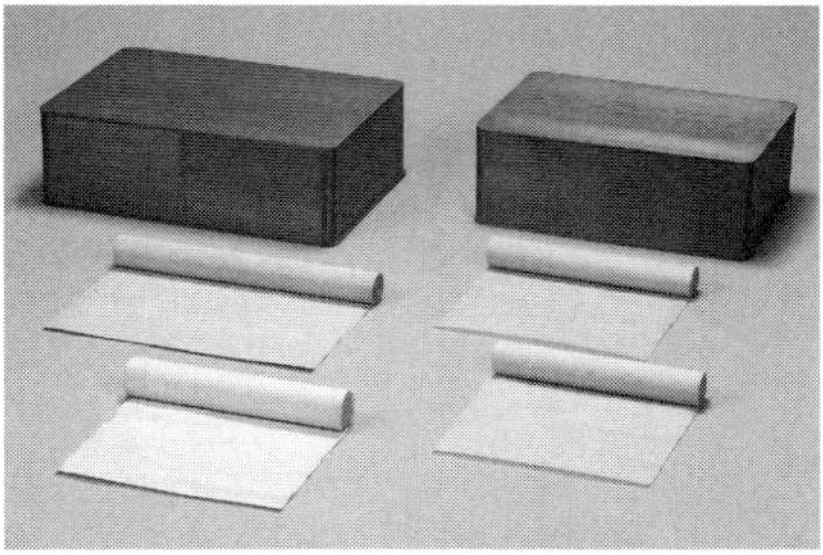
神御衣の荒妙（左）と和妙（右）

【神衣祭】　神衣祭は四・九月、天照大神に神衣を奉献する内宮特有の祭祀である。内宮では和妙衣《にぎたえのみそ》二四疋と荒妙衣《あらたえのみそ》八〇疋などが、荒祭宮では和妙衣一二疋・荒妙衣四〇疋などが韓櫃《からびつ》に入れ収められる。四月の例を見てみると、三月晦日に祓を行い四月一日から和妙は服部《はとり》氏が、荒妙は麻績《おみ》氏が潔斎して織り始め、一四日の祭祀に供えた。祭儀は宮司・祢宜・内人が服織女《はたおりめ》八人を率いて御衣《みそ》の後ろに列し、宮司が祝詞を宣《の》り再拝（二度拝）などの所作を行い御衣を供えるというもので、荒祭宮でも同様であった。神衣用の雑物は、服織戸・麻績戸各二二戸の調・庸と租で充てることになっていた。

　天喜五年（一〇五七）の九月の例では、祝詞が終わると東《ひがしの》宝殿《たからどの》に納めて一晩経た後に祢宜らに給い、荒祭宮の御料は御前に御棚《みたな》を造り結び、その上に置き、やはり一晩経た後に内人・物忌らに給わったという（『雑事記』）。

【月次祭】　都では、月次祭は六・一二月に祈年祭と同じく神祇官に集まった祝部らに幣帛を班つ（班幣）祭祀があり、夜に神今食院《かんいまけ》（神嘉殿《しんかでん》、内裏西の中和院《ちゅうわいん》正殿）で天皇が神と食事を供薦する神今食《じんこんじき》という神事を行う祭祀である。そのおり、神宮にはやはり朝廷から奉幣の使者が派遣され、両宮では由貴大御饌《ゆきのおおみけ》の供進が行われた。神宮でも重要な祭儀の一つで、神嘗祭もこれとほぼ同じ祭儀である。斎王の役割の項（第四章2）でも斎王を中心とする箇所のみを掲げたが、神宮内での全員の所作が詳細にわかるので全体を挙げておく。64頁、65頁の図を参照すれば、比較的わかりやすいかもしれない。（六・一二月）一六日に外宮で、翌一七日に内宮で祭祀が行われる。

まず一五日の黄昏《たそがれ》以後に祢宜らが神に供える雑物を陳列し、終わると亥時（夜九時〜一一時）に夕膳《ゆうべのみけ》を供え、丑時（朝一時〜三時）に朝膳《あしたのみけ》を供え歌舞を奏する。

一六日の夜明けに斎王が外宮に参入し、外玉垣御門から入り東殿に着座し、左右に命婦の座と西殿に女孺の座を設ける。終わると宮司は木綿蔓《ゆうのかずら》をとり、外玉垣御門から入り北に向かって跪《ひざまず》き、命婦か女孺が受けとり斎王が蔓《かずら》を着ける。宮司は太玉串《ふとたまぐし》を持って命婦から斎王に渡し、斎王はそれを捧げて内玉垣御門から入って座の席に着き、席の前に進んで玉串を命婦から物忌に授け、瑞垣門の西の頭《ほとり》に立て、斎王は戻り本座に着き祢宜・宮司はみな太玉串をとり、祢宜が前に立ち宮司と幣の雑物・馬が一列に並ぶ。朝使が外玉垣御門から内玉垣御門に向かい皆跪《ひざまず》く。まず使者中臣が祝詞を申し、次に宮司が祝詞を宣る。終わると物忌らが幣帛の案《つくえ》を舁《かつ》ぎ、瑞垣の内の財殿《たからどの》（東宝殿）に置く。

斎王らは再拝などの所作を行い、周りの人々が退出すると朝使や宮司らが多賀《たか》宮に向かい（斎王は向かわない）、再拝などの所作を行い退出して解斎殿《げさいでん》に着き酒・食を給う。終わると外玉垣御門から入り、倭舞を宮司・祢宜・大内人・幣帛使・斎宮主神・寮允《じょう》以上一人、祢宜・大内人の妻の順番で行い、終わると斎宮の女孺が五節舞を供した。次に鳥子名《とりこな》舞（天石窟〈天石屋戸〉神話の鶏に比せられた童男・童女の舞）がある。

一七日には内宮でも外宮と同じ儀があり、荒祭宮も多賀宮と同様に拝することになっていた。

ちなみに、前章で見た媄子《よしこ》斎王の驚くべき託宣事件は、長元四年（一〇三一）六月一七日の内宮での、この祭祀の最中であった。

【神嘗祭】　神嘗祭は、九月に朝廷から奉幣使が来る両宮の収穫感謝祭で、一六日に外宮、一七日に内宮で行われる。祢宜らが左右に分かれ宮司が中にたち、次に使者の忌部が幣を捧げ、馬、次に使者の中臣、次に使者の王が入って、内院の版位《へんい》（立ち位置の目印）に着き、使者の中

神嘗祭の懸税

臣が祝詞を申し宮司が祝詞を宣った。そのほかの儀式は先に見た月次祭とほぼ同じである。大きな相違点は、外宮では一六日の朝に二神郡と諸国の神戸が進上する懸税《かけぢから》の稲、大内人・大物忌父らが抜穂《ぬきほ》八荷、小内人と戸人らが懸税の稲一八〇荷を持ち運び、抜穂の稲は内院に持ち運び正殿下に置き、懸税の稲は玉垣に懸け、内宮では一七日の辰時（午前七時〜九時）に、二神郡や諸国神戸人夫らが進上する懸税と、神服織の神部らが進上する懸税を内外重玉垣に懸けるところである。いずれも新稲の収穫を感謝する所作である。そして、内宮では特に白酒《しろき》・黒酒《くろき》が供進されており、これは宮中・斎宮の新嘗祭と大嘗祭でしか造られないものであった。

以上が主要な神宮祭祀であるが、その他にも次のような祭が定められていた。

【日祈（祭）】　風雨や旱魃《かんばつ》を防ぐため、禰宜に率いられた日祈《ひのみ》内人が祈る祭である。元来、「皇太神宮儀式帳」では宮司から幣を受け七・八月に行われており、「止由気宮儀式帳」では八月の項にあるが、伊勢大神宮式では七月に一ヶ月間行われることになっていた。

【山口・木本祭】 神田を営むため、鉏《くわ》・鍬《すき》の柄《え》の材を採取する祭である。

以上を見てみると、基本的に天皇の神事を含む国家(朝廷)祭祀構造があり、神宮祭祀は皇祖神天照大神・豊受大神への奉祭のため、同名祭祀などに天皇からの奉幣使などが向かって一緒に祭祀を行うという構造である。これは国家祭祀に神宮祭祀を位置づける必要から生まれたものであった。したがって、国家祭祀(朝廷祭祀)の中で、神衣祭だけが伊勢神宮特有の祭祀ということになる。まさしく在地で古くから行われていた祭祀だったのであろう。ただ神衣の母体となる繊維製品などは、神社では幣物として供える在地の神調《しんちょう》祭祀が行われていたと言われており、伊勢神宮特有かどうかは別に考えなくてはならない。

外宮御饌殿

天照大神と等由気(止由気)大神の食事

さて、以上が年中祭祀であるが、神宮では日々の神に奉仕する祭祀もあった。それが外宮での朝夕の御饌《みけ》と呼ばれる供薦である。「止由気宮儀式帳」の「二所の太神の朝の御饌夕の御饌供《つか》え奉《まつ》る行事」によれば外宮の御饌殿《みけどの》では、供膳物として天照坐皇大神用に「御水四毛《も》比《ひ》、御飯《みけ》二八具、御塩四坏《つき》、御《み》贄《にえ》等」、すなわち水・御飯・塩・御贄などが挙がっており、等由気大神用に同じ物、(外宮)相殿神三前分用に数量は水六毛比・御飯三八具・御塩六坏と御贄等となっていた。

これらは、大物忌父が御田の稲の初穂の抜穂を神嘗祭に八荷供え、残りの稲を九月一四日まで御炊物忌《みかしぎ》に舂米《つきごめ》にして炊かせ、御塩焼物忌の御塩と志摩国神戸人夫らが進上した御贄などである。それらを御炊物忌が戴いて、大物忌が御机をそえ祢宜・大内人らが御饌殿の前に持ち登り、大物忌・御炊物忌を加え日に二度奉り、三八遍拝し退場するという所作が行われた。先にも述べたように、同帳の伝承に、天照坐皇大神が一ヶ所のみに居るのは心苦しく大御饌も平安に食べることができないため、等由気大神を私の元に寄越して欲しいと夢で告げ、御饌殿を造り天照大神の朝夕の大御饌を毎日奉仕することの具現化が、先の所作なのである。そして、同帳によれば三節祭のおり外宮では一五日から一六日にかけて、特に大がかりな夕の大御饌、朝の大御饌を供奉することが見えており、その少し前に御井で神事が行われた。

一方、「皇太神宮儀式帳」によれば一六日に夕の大御饌(湯貴大御饌祭)、一七日の平旦《あかとき》に朝の大御饌が行われるとある。同帳の「供《つか》え奉る朝の大御饌、夕の大御饌行事用物の事」には、次のような儀式が詳しく載せられている。

大神宮の正南《まみなみ》の御門に五十鈴川があり、この御門にあたり流れが二俣《ふたまた》になっている。この中嶋に石畳《いしだたみ》を造るが、これはいつも(都から来た)造宮使が造っている。これは止由気大神が入りおわしますところである。御橋は度会郡司が黒木《くろき》(皮を付けたままの木材)で造り、三節祭ごとにその橋を禁封し、人の往還を禁止する。つまり斎《い》み慎み供奉するのである。

一六日の夕の大御饌・一七日の朝の大御饌に御笥作《みけつくり》内人が作った御贄机に忌鍛冶《いみかじ》内人が造った御贄小刀を立て、志摩国の神戸百姓が供進する新鮮な鮑《あわび》・螺《さざえ》など御贄を御机上に供え置いて、祢宜・内人・物忌らが御贄の先払いをし持ち立てて、御橋を開封して渡り、止由気大神の前に跪《ひざまず》いて侍る。そして川で清め御膳を料理し終わり、先のように持ち、御贄の先払いをして天照皇大神の大御饌に供奉する。

内宮御贄調舎

すなわち、内宮での朝夕の大御饌のおりは、それまでと違って止由気大神が内宮の真南の御門にあたり流れが二俣となった中嶋に行き、そこで御膳料理をし、天照皇大神の大御饌に奉仕することが記されている。つまりこのとき、止由気大神は三節祭の朝夕の大御饌のために内宮の中嶋に来ていることになっており、天照皇大神の御膳料理に立ち会い供膳していることになる。そのため外宮の御饌殿へ食事を供える必要はないとされる。なお、九月一五日の神嘗祭からは新しく収穫された稲が使用されることになっていた。

このように外宮の御饌殿では天照大神のために朝夕の御饌が行われていたが、『雑事記』によれば神亀六年(七二九)までは、外宮から内宮に御饌物を運んでいたという驚くべき記事がある。それによると、その年に宇浦田山《うらたやま》の迫道《せまり》で死体と遭遇したが、避ける道がなく供進したところ天皇が病気となった。卜ったところ「巽方太神《たつみ》」の祟りと判明したので、捜索したところ右の事実がわかった。そこで、その後に御饌殿が新築され、これ以降御饌殿で朝夕の御饌が行われたという。江戸時代、外宮から古市を通り浦田に抜け、内宮に至る道は有名で、現在でも使われており、この記述は荒唐無稽な話ではなく現実味がある。ただ、天皇の卜いによれば「巽方太神」の祟り、という表現は平安時代的である。序章でも記したように、『雑事記』のこの時代の記事は『続日本紀』などの国史でも確かめられず、伝承以上の解釈は難しい。

斎宮の祭祀

一方、斎宮でも斎宮式によればさまざまな祭祀が行われていた。

斎宮では、外院の主神司に一七座祭られていたと推測されているが、野宮の忌火《いみび》神・庭火《にわび》神・御竈《みかまど》神は見えておらず関連所司で祭られていたようだ。また、内院の斎王が居るところの神殿は、主神司が勤めて守ることになっていた。

主神司は斎宮内の祭祀を掌るとともに、管轄する小社に班幣を行っており、あたかも都の神祇官と同様の位置づけであった。その場合、斎宮の主神司が対象とする祈年祭神は一一五座で、その内訳は斎宮内の大社一七座（大宮売《おおみやのめ》神四前・御門《みかど》神八座・御井《みい》神二座・卜庭《うらにわ》神二座・地主《とこぬし》神一座）と、小社は多気郡・度会郡の九八座（度会郡四五座の〈神〉社名は巻末付表1参照）で、宮中の祈年祭と同日の二月四日に幣が班たれ祭られることになっていた。一一月の新嘗祭も祈年祭神と同じく一一五座が対象であった。一方、六・一二月の月次祭は、それらの神々に火雷神《ほのいかづち》一座を加えることになっており、それ以外に、六・一二月に鎮火《ひしずめ》・道饗《みちあえ》・大殿《おおどの》・御贖《みあがもの》・大祓《おおはらえ》、朔日忌火・庭火などの祭祀があり、祭祀に供進する雑物などは京のそれに準拠することになっていた。

いわば都とまったく同じように、神祇官が行う四時祭の全国あるいは特定の式内社に対する班幣を、斎宮の主神司が斎宮内で祭る神と、多気・度会二郡の神社に対して行っていたことになる。

一方、斎宮の各諸司では膳部《かしわで》神祭（膳部司）・炊部《かしきべ》神祭（炊部司）・酒部《さかべ》神祭（酒部司）・水部《もいとり》神祭（水部司）・氷室《ひむろ》神祭（水部司）、竈・炭竈山・戸・御川の池等の神祭（殿部司）の春・秋祭が、二・八月に行われることになっていた。なお、一二月には斎王から両宮に幣が供えられたが、主神司が供えることになっていた。

神事と御体平穏

六・一二月の月次祭には、鎮火・道饗祭の宮域・京域の四隅の祭、また大殿・御贖は宮殿内を祓い清める祭祀と斎王の御贖による祓、そして罪穢れを祓う晦日の大祓、朔日に斎王の御膳を調理する庭火《にわび》の錡《かま》に対する祭祀がある。これらの祭祀は宮中で行われる六・一二月の月次祭とほぼ同じ祭祀であり、神今食《かんいまけ》祭祀神事群とでも呼ぶべきものであったが、大きな違いは中心となる神今食《じんこんじき》が記されていないことである。

神今食は天皇と神との供薦儀礼が主体の神事であるし、神今食を斎王が行う史料はない。また天皇が神今食で供薦する神が仮に天照大神だとすると、内宮での朝夕大御饌祭は天照大神そのものへの供膳で、天皇はそこにいないわけであるから供薦儀礼は必要ないのであろう。ちなみに宮中の月次祭は六・一二月一一日で、その夜と翌日朝に天皇による神今食が行われていたので、等由気大神と天照大神への朝夕の大御饌の方が約五、六日遅く行われており、同時に行われているわけではない。

ところで、月次祭や神嘗祭には斎王が神宮の祭祀に奉仕していることを見たが(第四章2)、新嘗祭のおり斎王は神宮へ赴いておらず、斎宮内で「神忌《かんいみ》」をし新嘗神事を行っていることが斎宮式からわかる。新嘗祭は宮中では天皇が新穀を神に供薦する新嘗神事をともなっており、これは斎宮でも同じである。ただ新嘗神事に使用する神座《かみくら》用の坂枕《さかまくら》などが斎宮式に記されており、これは宮中では天皇の代替わりのおりの大嘗祭の時に用いられるものであり、毎年行う宮中の新嘗祭には四時祭式にそれらは挙がっていない。しかし、斎王は天照大神に奉仕するのが目的であるなら、その神座は天照大神以外には考えられないので、斎王による天照大神に対する供薦儀礼が行われたと思われる。

また、毎月晦日には斎王の御体安否を問うため卜占を掌る卜庭神祭が行われ、三節祭には斎王が参入するときもその祭祀が行われた。「新嘗会」(新嘗祭)に先立っても行われたようだ(九条家旧蔵冊子イ本脚注「御短尺」)。この卜庭祭も日程は異なるが、宮中の六・一二月の祭祀に御体を一～九日まで、半年間ずつの天皇の安否を卜う祭祀が行われたのにならっているのであろう。なお、新造の炊殿《かしきどの》を鎮める祭とその忌火・庭火の祭や大殿祭が行われ、一一月の新嘗祭の前月(一〇月)晦日には祓が行われている。ちなみに三節祭の前月晦日の三度の禊と併せて、四度の禊(祓)と言われ、尾野の湊(第四章2)で行われた。

このように、斎宮の祭祀は主神司による祈年祭・月次祭・新嘗祭班幣と、斎王の新嘗神事、それに斎宮区画や区画内の各司・殿舎などで行われる祭祀が中心と言えよう。そして、斎王の御体安否と祓は、斎王の身体も天皇の身体と同様に御体平穏が大事とされ、祭祀が行われていたのである。

2　遷宮祭と神宝・心御柱

遷宮祭の概要

さて、神宮最大の祭祀は二〇年に一度の神宮造替にまつわる遷宮祭である。まず、大神宮式から概要を見てみよう。

内宮の正殿・宝殿および外幣殿、それに外宮や別宮・摂社の神殿は新材を採取して造替が行われることになっていたが、そのほかの諸院は新・旧があってもかまわなかった。なお、宮地は二ヶ所定められており期限がきたら遷すことになっており、旧宮の神宝は新殿に遷され絁や綿は宮司らに班下されたが、祭主に処分権があった。

遷宮に際しては、まず判官《じょう》(中臣・忌部氏)と主典《さかん》からなる造宮使が朝廷から派遣され、孟冬(一〇月)から開始され、神宮七院・社一二処が対象であった。遷宮祭の前に山口《やまのくち》神祭・正殿の心柱《しんのみはしら》を採《と》る祭・宮地を鎮《しず》める祭・船代《ふなしろ》を造る祭などが行われた。その材料は造宮使が京庫に請求する物と、大神宮司が充てる物があった。

遷宮祭の儀式は神宮での儀式なので『延喜式』に規定がないが、幸い儀式帳に詳しく記載されている。現在の遷宮祭の基本となる、いわばマニュアルでもあるので少し追ってみよう。

外宮では九月一三日に、御装束使《みしょうぞくつかい》所に正殿内の壁代《かべしろ》(壁隠しの帳)などを請い、正殿内の飾りを行う。一五日に御装束物を祓い清め、駅使王・神祇官副《すけ》以上の中臣・忌部・宮司が外院の玉串所に参入し、祢宜・内人と人垣となる男・女が明衣《みょうえ》(神事用の衣)を給わり、装束物などを持ち参入し内院の中門に参る。使者の中臣が新宮に遷ることと、御装束の進上の祝詞を申す。使者の中臣と宮司は御装束を持たせ新宮に参入し、正殿の御橋の下《もと》に侍す。そのとき、祢宜が参入し正殿御扉を開き、四隅に明かりをつけ御装束を進上し皆退出する。ただし使者は外直会殿《とのなおらいどの》に侍る。

それから宮司は人垣の人らを召し、大祓を行ってから衣垣《きぬがき》・衣笠《きぬがさ》・刺羽《さしば》などを持たせ、人垣の男女らに太玉串をもたせ、左右に分立し宮司が率いて参入し、正殿御橋のもとに侍す。そのとき行幸道に布を敷く。祢宜が御鑰《かぎ》を賜り正殿の御扉を開き、明かりをつける。そこで、御船代(船の形をした容器)を開き、正体《みかた》(円筒形の容器である樋代《ひしろ》に納められた御神体)を

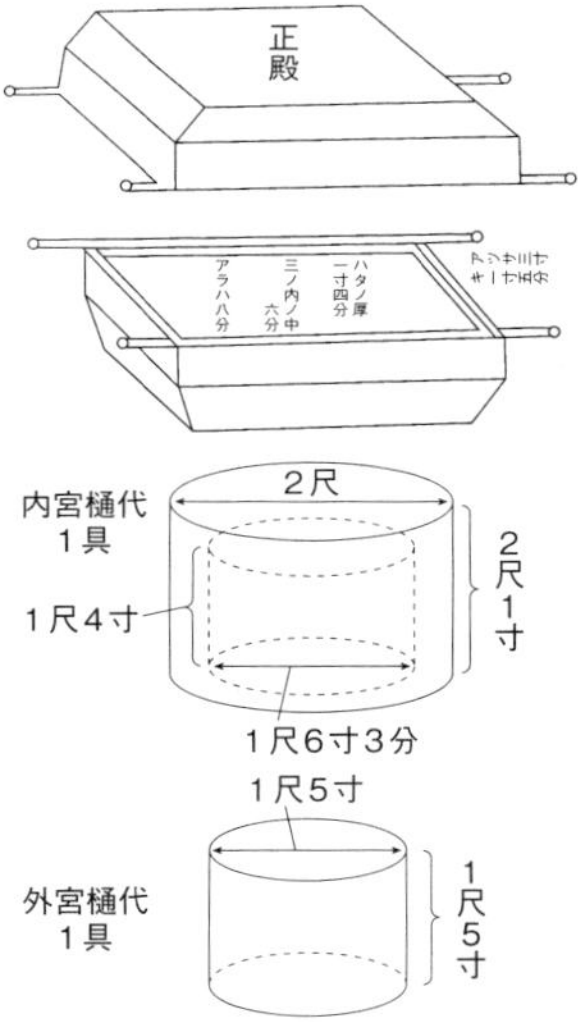

(上)内宮御船代図
(中)内宮樋代図
(下)外宮樋代図

祢宜が戴き、相殿坐神三所を大物忌父・大内人らが戴き、先に宮司・祢宜・大物忌・大内人の順に立ち並ぶ。新宮に行幸し終わると、宮司を始めとして人垣の奉仕者らは退出する。そして駅使は館舎に戻り、さらに祢宜が諸内人を率いて湯貴《ゆき》の大御饌《おおみけ》に供奉する。

一方、内宮では九月一四日に御装束所に正殿内の壁代などを請い、正殿内の飾りを行う。一五日巳時（午前九時〜一一時）に、斎王は大神宮に参入ししばらく外川原殿《とのかわらどの》に侍し、手輿《たごし》で旧宮の御門外に参入する。手輿を降りて参入し、玉垣と瑞垣の間の東方に女孺二人が従う。やがて宮司が太玉《ふとたま》串《くし》と木綿蔓《ゆうのかずら》を持ち参入する。斎王が受け取り木綿蔓を着け、太玉串を捧げ持ち拝み給わり、斎王は度会郡の離宮に戻る。

一六日に御装束物を祓い清め、駅使王一人・神祇官副以上一人・忌部一人は宮司とともに外院の太玉串所に参入し、祢宜・内人と人垣に奉仕する男女らは、戌時（午後七時〜九時）に全員西の川原で大祓があり明衣《みょうえ》を給わる。亥時（午後

『昭和四年度御遷宮絵巻』「遷御図」

九時〜一二時）に開始し、御装束物などを持ち参入し、内院の中御門《なかのみかど》で使者の中臣が、新宮に遷ることと御装束を進上する祝詞を申す。使者の中臣と宮司は御装束物を持たせ新宮に参入し、正殿の御橋の下に侍す。そのとき、大物忌がまず参上、次に祢宜が参上し正殿御扉を開き、四隅に明かりをつけ御装束を進上し皆退出する。ただし使者は外直会《とのなおらい》殿《どの》に侍る。それから宮司は人垣の奉仕者らを召し、衣垣・衣笠・刺羽などを持たせ、人垣として奉仕する男女らに太玉串を持たせ左右に分立し、宮司が率いて参入し正殿の御橋のもとに侍す。行幸道には布を敷いておく。

やがて大物忌が御鎰《かぎ》を賜り、正殿の御扉を開き明かりをつける。御船代を開き正体（御神体）を祢宜が戴き、相殿《あいどの》の東方に坐《ま》す神を宇治内人が戴き、西方に坐す神を大物忌父が戴き遷し奉る。行幸時（上図参照）、祢宜・宇治内人・大物忌父・諸大内人・物忌らと妻子らは、人垣として立ち衣垣を曳《ひ》き、蓋《きぬがさ》・刺羽等を捧げ、行幸の道の長さは九五丈で調布二七端一丈二尺を敷き、行幸のとき新宮の玉串御門《ごもん》に立ち止まり、三度鳴いたのち行幸し、瑞垣御門に留まりまた三度鳴く。その音は雞《かけ》のようで「加初飼《かけかう》」という。やがて、御橋のもとに留まり、また三度鳴く。使者の中臣が侍して参入し玉串御門に侍し行幸する。そのとき祢宜が正殿の内に入り、内の御門に明かりをつけ御装束物を注文のように読み御床代に進め、終わってから退出していつもの祝詞場所で八度拝《おが》み退出する。そして駅使は直会院《なおらいいん》に入り、やがて湯貴の大御饌に供奉する。

以上のように、遷宮の儀式は両宮ほぼ同じで、旧宮から新宮への行幸が中心であるが、内宮では斎王の参加がみられる点や三度の雞声など、外宮と相違があった。

なお、『延喜式』では二〇年に一度の造替とし、「年限満ちて修造すべくば、使を遣わして……孟冬始めて作らしめよ」とあるように、遅くとも前年の孟冬(一〇月)に造宮使任命・改作工事が規定されているが、その編纂後にできた『新儀式』臨時上巻四の伊勢大神遷宮事条には、二、三年前の造宮使の任命と造宮着手が規定されている。

また、意外と知られていないが、遷宮以外に台風や火事などによって正殿などが破壊や焼失することもあった。そのようなときは、臨時に仮殿が設《もう》けられることになっていた。

神宝の数々

神宮には、神宝二一種（「皇太神宮儀式帳」は神財一九種）と装束が新しく造られ納められた。「皇太神宮儀式帳」によれば、正殿《みあらか》・御床《みゆか》・樋代《ひしろ》・御床出《みゆかいだ》し座《す》る物・相殿坐します神用の嚢《ふくろ》、そして宝殿《たからどの》・御門《ごもん》の御帳《みとばり》などに分類されており、その内訳は、帳・被《ふすま》・衣・裳・帯・比礼《ひれ》（呪的な役割をになう布）・意須比《おすひ》（衣服の上にかける広幅の布）・巾《のごい》（手ぬぐい）・沓《くつ》・襪《しとうず》・袜《まえだれ》・櫛・髪結・髪当《あて》・白玉・枕・鏡などで、神宮内陣の神座《かみくら》に置かれた御船代とそこに安置された樋代（中に御神体がある）の臥具《がぐ》、それを囲む絹垣や衣服や装身具、これらが床上に安置されたと思われる。

神宝は神への捧げ物が安置されることによって宝物となる品々で、大神宮式によれば紡績具（金銅と銀銅〈多多利《たたり》・麻笥《おけ》・賀世比《かせい》・鏄《つみ》〉）・武具（梓弓・征箭《そや》・箭・玉纏横刀《たままきのたち》・須我流横刀《すがるのたち》・雑作《くさぐさのつくり》横刀《たち》・姫靫《ひめゆき》・箭・蒲靫《がま》・箭・革靫・箭・鞆《とも》・楯・桙《ほこ》）・楽器（鵄尾琴《とびのおごと》）から成り立っており、「皇太神宮儀式帳」では御鏡二面が含まれていた。紡績具は神衣織りを象徴する道具である。一方の武具は梓弓二四枝を始め、中でも征箭一四八〇枚、蒲靫の箭一〇〇〇枚など膨大な箭の数が目につく。長暦二年（一〇三八）、大神宮式年造替のおり、太政官から大神宮司に対し、御装束・神宝の目録を記した官符写（内宮長暦送官符《ないくうちょうりゃくそうかんぷ》）が残っている。（『群書類従』神祇部）。ここには神財として内宮二一種以外に荒祭宮七種・月夜見宮一六種・滝原神宮一一種・伊雑宮一〇種・伊佐奈岐伊佐奈弥宮二所一七種の品名が見えており、内宮神財には梓弓二四張・（錦靫）刺箭四八〇隻・

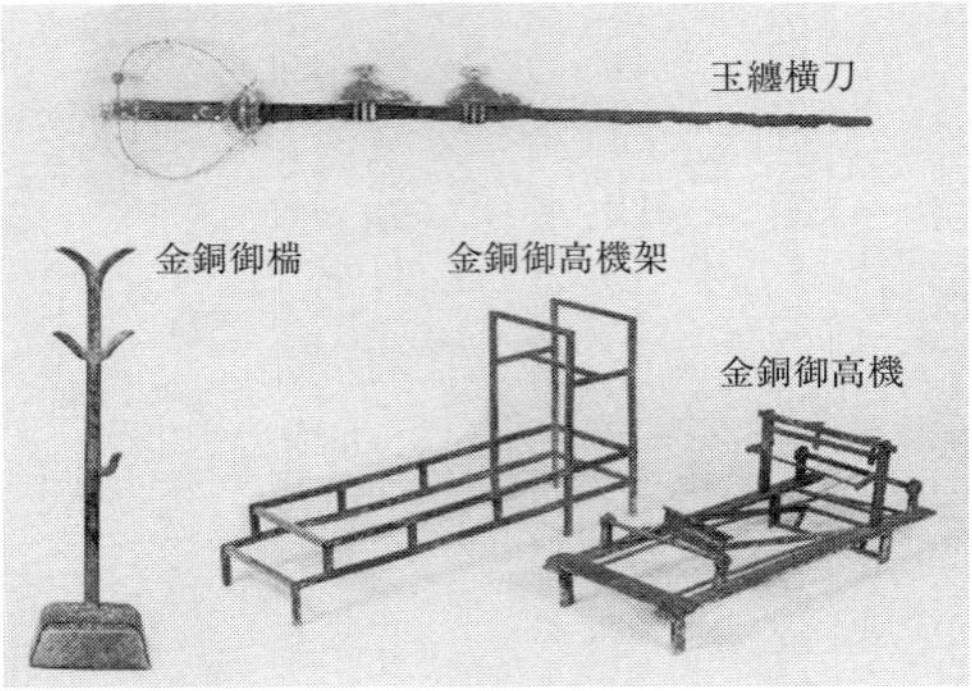

古神宝

(蒲鞍)刺箭一〇〇〇隻・(革鞍)刺箭七六八隻とやはりあるので、その他の武器も併せると、安置された場所はあたかも武器庫のようと言えよう。

ちなみに、梓弓は奈良時代以降合成弓が出現するまでの高性能武器であり、正月七日の白馬の節会のさいの御弓の奏にも用いられたように(兵庫寮式)、天皇が所有する弓でもあった。遷宮に梓弓が神宝として都で製作され納入されるのも、天皇と伊勢神宮の関係をうかがわせるものである。また、新宮への遷奉のための笠・刺羽と絹垣帳《きんかいちょう》・道に敷くための布なども定められていた。

なお「皇太神宮儀式帳」には別宮の神財として、荒祭宮八種・月読宮一六種・滝原宮一七種・伊雑宮九種と品名が挙がっているが、式に見えないため加筆と言われている。

一方、外宮でも同じような装束が正殿などに設置されたが、神宝の規定は『延喜式』「止由気宮儀式帳」になく、相殿神三座の装束として戈《か》・楯・弓・胡籙《ころく》・箭・鞆が見られるものの、奉献されなかったとされている。

これらの神宝や装束は伊勢国で製作されたものではない。太政官に神宝や装束を営造する使者が定められ、七月一日に神祇官の西院で初めて開始され、弁官の五位以上の者以下女孺・雑工など総計一〇五人が作業に従事した。また、神宮(内)を飾る鎹《かすがい》・蟹目《かにめ》釘《くぎ》・高欄の上の据玉《すえだま》などの調度も都で製作された。「正倉院文書」には、そのための造用度帳案が残されており、遅くとも天平宝字六年(七六二)には、正殿の飾金物が都で作成されていたことがわかる(『大日本古文書』一二五)。また、両宮の装束を伊勢に送る場合、あらかじめ宮中で祓い清められ、その後に中臣氏が左右京・五畿内・近江・伊勢と大神宮司に派遣され、あらかじめ祓が行われることになっていた。その後、弁・史・史生・官掌・使部・神祇官史・史生・神部・卜部からなる神宝使が派遣された。装束の雑物を担ぐ夫は桃染の衫《ひとえぎぬ》を給い、九月一四日に外宮を飾り一五日に御像《みかたしろ》(御神体)を移し、同日内宮を飾り一六日に御像(御神体)を移した。その場合、祭主(障りがあれば宮司)が粧《よそお》い飾ることを申上してから飾ることになっていた。

これらのことから、都で製作された膨大な神宝・装束などが都から大神宮に運搬されていたのである。

心御柱とその意味

最後に、正殿心柱《しんのみはしら》（心御柱《しんのみはしら》）を見ておこう。応和三年（九六三）以降の成立とされる『新儀式』によると、心御柱は中央に立てるのが本来の姿であるが、当時忌避により中央穴を回避して立てられていたとある。応和二年にもそのように立てられ、祓を科して行ったとある。正殿の床下には心御柱と呼ばれる柱があった。すでに「止由気宮儀式帳」にも「正殿心柱」とみえ「忌柱」と称すとあり、大神宮式にも地祭物忌が「心柱」の穴を掘り祢宜が柱を立てるとある。

時代は降るが一三世紀後半の『弘安二年内宮仮遷宮記』によると、地上三尺三寸地中二尺あまりの柱を立てたとあり、平安末〜鎌倉時代中期の記録である『御一宿仮殿遷宮記』には、口径が四寸で地上三尺地下二尺の計五尺の柱で、五色薄衣布・麻が飾り巻かれ榊葉を差すとある。やはり時代が降るが、天仁二年（一一〇九）には外宮の心柱が朽ち損じ顚倒しており（『勅部』『雑例集』）、康平元年（一〇五八）心柱は榊で覆われていたが牛に喰われることがあったという（『雑事記』『雑例集』）。また、仁安四年（一一六九）御遷宮のさい天平賀《あめのひらか》が有爾村《うにむら》から進められていることがわかるが、保安二年（一一二一）には外宮正殿の四五一口が洪水で流され破損したり、内宮では鳥のために破損したりしている（『雑例集』）。これまた時代が降るが、建久三年（一一九二）の『皇太神宮年中行事』の六月の由貴大御饌が御殿下で行われていた記事などがあり、心御柱の重要性がうかがえる。

この心御柱については、従来、伊《い》美柱《みばしら》説・心柱退化説・定位点説・リンガ説・ヒモロギ説・正殿神聖性表象説などさまざまな説があるという。確かなことは、わざわざ「皇太神宮儀式帳」に正殿の心柱としていることから、心御柱は正殿の定位点であることは明らかであり、また朝廷も中央に立てることを原則としていたことである。

古殿地心御柱の覆屋

ただ「皇太神宮儀式帳」の六月（一二月）の月次祭によれば、大御饌神事では祢宜以下一四人が内院に参入して供奉し、「大神御前」に列《つら》なり四拝四拍手を二度繰り返し退出するとあるのみで、具体的な記述はない。そこに「大神御前」とあるのは、心柱が正殿床下にあるにせよ単なる定点だけではなく、正殿建築を総体として天照大神の象徴と捉えていたことも明らかであるので、その場合布などで飾られた心柱だけではなく、やはり榊葉による囲みという象徴は大事であろう。すなわち元来は何もない露天祭祀にせよ、神の依代たるヒモロギがあるだけで、正殿がその上に位置するとともに、正殿建物の定点を決める際の目印としても重要となり、やがて時代が降るにつれ心御柱に、さまざまな象徴的意味を付与することになっていったのであろう。

3　神宮の祓・禁忌と仏教

犯罪準拠法としての祓法

神宮が属していた神郡・神戸は、次の項でも述べるように古代の一般的な公郡とは異なる仕組みがあった。その特殊性の一つとして、延暦二〇年(八〇一)五月に定められた犯に準じ祓を科す法の解説から話を始めたいと思う。

この法の対象には、宮中祭祀のほか伊勢神宮、祢宜などや神戸百姓に関するものが含まれている。たとえば伊勢神宮に関わるものとして、上祓《かみつはらえ》の対象には神嘗祭・神衣祭の欠怠《けたい》や大神宮の祢宜・内人を殴ること、中祓《なかつはらえ》の対象には物忌を殴ったり物忌女を姧したり、忌火などの祭の奉仕日に祝・祢宜や祭事に加わる神戸の人を殴ったりすること、また下祓《しもつはらえ》の対象には諸祭祀の事を欠怠し、奉仕する日に祝・祢宜や祭祀に加わる神戸人を殴ったりすること、が挙げられている。祝・祢宜らの人との闘打や、他の犯罪があり科決する場合は、まずその任務を解き決罰し、神戸百姓の犯罪や失策があった場合は、祭事に奉仕している時以外に罪を決するときは法の通りにする、というものであった。そして、それらに対して量刑的に祓料物(贖物《あがないもの》)が科せられ、それを出せば罪が許される仕組みであった。

たとえば、弘仁七年(八一六)には、宮司大中臣清持が穢を犯すことがあり仏事も行ったため、神祇官の卜《うらな》いで祟りとなり大祓を科して解任している(『類国』)。天長三年(八二六)には、六月一一日の外宮の朝御膳《みけ》に汚穢があったため、過怠状《かたいじょう》により大物忌父子・宮司三人に大祓を科し解任し、祢宜は上祓を科し祓い清め供奉させ、宮司は大祓を科す日に父の喪に遭ったため解任したという(『雑事記』)。また、元慶七年(八八三)には内宮の大内人荒木田益延《ますのぶ》と大神宮司鎰取《かぎとり》の麿近貞《まろのちかさだ》が互いに口論し、宮司が神祇官に言上したため益延に中祓を科し、近貞に下祓を科し、祓い清めたのち職掌に供奉させたという(同上)。

このように宮司・祢宜など神宮・神郡関係者の穢を犯すことや争いごとに対して、まず祓による対処が行われ、犯罪が重ければその後解任して律の適用となったのである。そして、この祓法という犯罪準拠法が、神郡・神戸内の特殊な裁判権に発展し、国司の裁判権と正統性をめぐって争うことになるのである。

仏教にかかわる忌詞

祓法は禁忌(タブー)とも密接に関係している。神宮では禁忌となる対象や現象を嫌い、忌《いみ》に対する祓が頻繁に行われたが、それは言葉にも表れた。

「皇太神宮儀式帳」には、垂仁朝にさまざまな「事忌《こといみ》」を定めたとし、人打《ひとうつ》を奈津《なづ》、鳴《なく》を塩《しお》

神宮・斎宮・斎院・大嘗祭(会)の忌詞

「皇太神宮儀式帳」		斎宮式[1]		斎院式	『貞観儀式』巻3・4	践祚大嘗祭式
人打	奈津	(打)撫	△	(打)撫		(打)撫
鳴	塩垂	塩垂	△	塩垂	(哭)塩垂	(哭)塩垂
血	阿世	阿世	△	汗	赤汗	汗
宍	多気	菌	△	菌	菌[2]	菌
仏	中子	中子	○			
経	志目加弥	染紙	○			
塔	阿良々支	阿良良伎	○			
法師	髪長	(僧)髪長	○			
優婆塞	角波須	角筈	×			
寺	瓦葺	瓦葺	○			
斎食	片食	(斎)片膳	○			
死	奈保利物	奈保留	△	直	奈保流	直
墓	土村	壌	△	壌		壌
病	慰	夜須美	△	息	夜須弥	息
—	—	(尼)女髪長	○			
—	—	(堂)香燃	×			

注 1)○は内七言，△は外七言，×は別忌詞
2)宍人姓亦同(巻3)，宍人姓称菌人(巻4).

垂《たる》、血《ち》を阿世《あせ》、宍を多気《たけ》、仏を中子《なかご》、経を志目加弥《しめがみ》、塔を阿良々支《あららぎ》、法師を髪長《かみなが》、優婆塞《うばそく》を角波須《つぬはず》、寺を瓦葺《かわらぶき》、斎食《とき》を片食《かたけ》、死を奈保利物《なおりもの》、墓を土《つち》村《くれ》、病を慰《やすみ》と言うように、直接表現を避け他の言葉に置き換えた忌詞《いみことば》がみえる。血は赤い汗のようなものだと理解できるし、法師は髪を剃るので逆に髪長と反対語に言ったり、現在の我々でも少し想像すると理解できる言葉がほとんどである。これらの神宮の忌詞は弘仁式で斎宮式に取り入れられたという。

その斎宮式には忌詞という禁忌として、内の七言として仏を中子、経を染紙、塔を阿良良伎、寺を瓦葺、

僧を髪長、尼を女髪長、斎《とき》を片膳と言い、外の七言は死を奈保留、病を夜須美、哭を塩垂、血を阿世、打を撫《なず》、宍を菌《たけ》、墓を壌《つちくれ》と言い、別の忌詞として堂を香燃《こうたき》と言い、優婆塞を角筈と規定されている。このように斎宮の忌詞もほぼ同じであるが、忌詞の多くは仏教に関するものである。

一方、平安時代になって、伊勢の斎宮にならって造られた賀茂の斎院(斎院式)にも忌詞があったが、死・病・泣・血・宍・打・墓の言葉のみで、特に仏教禁忌が見えていないのは、平安京という大都城に賀茂の斎院が存在したため、僧尼・寺院、つまり仏教に接する機会が多く、現実問題として採用が混乱を招くからであろう。

他方、宮中の最大祭祀である大嘗祭では、『貞観儀式』巻三の践祚大嘗祭の斎月《ものいみづき》の規定に忌語として、死を奈保流、病を夜須弥、哭を塩垂、血を赤汗、宍を菌《たけ》(宍人の姓も亦同じ)と言うとあり、また斎月には「仏斎《ほとけおがみ》・清食」に預からず喪を弔《とむら》ったり病を問うたり宍を食べたりしてはいけないなどとあり、同じく巻四「応《まさ》に大嘗会の斎を為《な》すべき事」には百官・五畿内・諸国の忌むべき事六条の内に「言語の事」として死を奈保留、病を夜須美、哭を塩垂、血を赤汗、宍人の姓を菌人と言うとあり、「仏法を行う事」に加えて「喪と産とに預り、幷せて雑畜の死と産に触るる事」が新しく見える。また「穢悪《えお》に預かる事」として、さらに「〈祓詞に云う所の天つ罪・国つ罪の類なり、皆神の穢れる所悪《にく》む所なり〉」と祓詞の天つ罪・国つ罪も穢悪の対象としている。なお、大嘗祭式の斎事条にも「言語」として、死を直、病を息、哭を塩垂、打を撫、血を汗、宍を菌、墓を壌と言うとあり、やはり「仏斎・清食に預かることを得ず」と見えるが「言語」に仏事は見えない。

これらによれば、大嘗祭の斎月のおり朝廷や諸国では、仏法や仏事の時の食膳に関することは禁止されたが、仏教的忌詞自体は神宮や斎宮でのみ使用されたことになる。制度的に神祇令には仏事への禁忌はないが、延暦二三年(八〇四)の儀式帳には見えているので、平安時代初期には少なくとも神宮・斎宮で忌詞が行われていたことは確かである。ただ先の「皇太神宮儀式帳」のように垂仁朝に定めたという年代は、仏教伝来前なので信じるわけにはいかない。

ちなみに斎宮式には、雑色人以上が人と殴りあいの喧嘩をした場合に上祓、寮官諸司や斎宮中の男女が仏事を行い和姧密婚《わかんみっこん》した場合に中祓、斎宮全域で失火の穢があれば祓、その宅人は七日宮中に参入することが禁止されるなどの祓や禁忌があった。祓法が適用されることや仏事・失火が忌避されていることは、これまで挙げてきた史料で理解できるが、和姧密通が祓対象となるのは斎宮の特徴であろう。

罪と祓

もう一つ、「皇太神宮儀式帳」には罪に対する祓法を定めた記事もあるが、こちらは天《あま》つ罪《つみ》・国つ罪の問題となる。これは先に見た『貞観儀式』巻四「穢悪に預かる事」の祓詞《はらえことば》（祝詞式の六月晦日大祓祝詞）に言う、天つ罪・国つ罪を神の穢悪とする解釈と同じである。

ちなみに大祓祝詞の言う天つ罪とは、畔放《あはな》ち・溝埋《みぞう》め・樋放《ひ》ち・頻蒔《しきま》き（種子を重ねて蒔《ま》くこと）・串刺し（串を刺して占有すること）・生剝《いきは》ぎ・逆剝《さかは》ぎ（通常ではない皮の剝ぎかた）・屎戸《くそと》などで、国つ罪は生膚断《いきはだだ》ち（生きている人を傷つけること）・死膚断ち・白人《しろひと》・こくみ（いぼやこぶなどがある人）・己《おの》が母犯す罪・己が子犯す罪・母と子と犯す罪・子と母と犯す罪・畜《けもの》犯す罪・昆虫《はうむし》の災・高つ神の災（雷の災い）・高つ鳥の災・畜仆《けものたお》し蠱物《まじもの》する罪（家畜を殺しまじないをする罪）などである。

第一章1でも述べたように、記紀神話のスサノオのアマテラスへの罪として一部が記されているが、その他紀本文・一書第三に馬伏《うまふせ》（田に馬を放つこと）と一書第二に絡縄冒《あぜなわおか》し（絡縄で占有すること）があり、多くの贖物を科し祓を受ける場面がある。「皇太神宮儀式帳」では「母と子と犯す罪」以下の罪名がなく、代わりに河入《かわいり》・火焼《ほや》けなどの異常死の罪が記されている点が異なる。

穢の問題についてはこれ以上深入りしないが、穢を汚穢概念とみなし、本質的に無秩序なものとするメアリ・ダグラスの見方からすれば、おおよそ当時の無秩序、誤解を恐れず言い換えれば通常感覚からずれるものを穢悪と感じ罪とみなし、贖物を出し祓を科せば消えると当時信じられていた観念が、古代の罪であったとここでは理解しておきたい。

しかし、「皇太神宮儀式帳」と同じ頃、先に見た延暦二〇年(八〇一)五月に出された科祓に関する太政官符は、神事の欠怠や祢宜・内人を殴ること、御膳物を穢すことの禁忌が対象となっており、ここに神事欠怠と御膳物《みけつもの》の穢、それに忌詞にある人打が見えていることは注意される。神事欠怠は業務違反であるのでおくとして、御膳の穢は神祇令の散斎条の「穢悪」に該当し、人打は太政官符に殴傷《おうしょう》が重い場合は「祓《はら》え浄《きよ》め」のほか法により罪を科すとあり、斎外での闘打は律による科決とあるように、斎内での大神宮の祢宜・内人に対する神聖視を狙ったもので、単なる人打ではない。人打には忌詞にあるように、争いによる清浄さの破壊、あるいは人打による肉体破壊による諸変化(出血)も含まれていたと見るべきであろう。つまりこの太政官符は祭祀における業務違反と祢宜・内人に対する祭祀妨害、御膳の穢による祭祀不履行など、祭祀に対する妨害・穢活動に対して、律的な量刑法に類似した祓法による量刑的贖法という処理方法を打ち出したところに画期があったと言える。

神仏隔離

神宮に関する祓法や神宮・斎宮の忌詞について少し詳しく見てきたが、忌詞の中に仏教に関する言葉が多く含まれていることが特徴でもあった。伊勢神宮と言えば神・祭祀のイメージしか思い浮かばない人も多いが、ここで仏教・寺院との関わりについて見ておこう。

奈良時代になると、とりわけ仏教を熱烈に信仰し、それを宣言する天皇が現れた。聖武天皇による国分寺・国分尼寺建立や東大寺大仏殿の造立、聖武・孝謙天皇が自ら出家するということが行われたのである。その結果、宮中の神祇祭祀と仏教が混在するという状況が生まれるようになった。天平一四年(七四二)一一月に右大臣橘諸兄が伊勢神宮に参入し、聖武天皇の「御《ご》願寺《がんじ》」を建立したという記事が『雑事記』『東大寺要録』(嘉承元年〈一一〇六〉正編成立の東大寺誌)にあり、これを淵源とする説もあるが、勅使記事は国史に見えず、記事自体に盧舎那仏を本地とするなど中世的表現もあり、この記事の信頼性にはやはり問題が残る。

明確に仏教・寺院との関係がわかるのは、『続日本紀』に記された以下の記事であろう。天平神護二年(七六六)、聖武天皇の時代に丈六《じょうろく》仏像が伊勢大神宮寺に造られている。その後、称徳朝(七六四〜七七〇)における道鏡政権下の仏教政治が終わると、光仁天皇はそれまでの仏教政治の刷新を目指し神祇を重んじる姿勢を打ち出した。その影響で、宝亀三年(七七二)に度会郡の(大)神宮寺は飯高郡度瀬《わたせ》山房に遷され、さらに同一一年(七八〇)伊勢大神宮寺に祟りがあり他所に遷したが、神郡に近く祟りがやまないため飯野郡以外の適当な場所に移し造ると、神祇官が述べ許されている。

一方、『雑事記』には称徳朝の神護景雲元年(七六七)に逢鹿瀬《おうかせ》寺を永らく大神宮寺にする記事があり、宝亀四年(七七三)には滝原宮内人らと逢鹿瀬寺の僧との間に口論があり、同六年(七七五)にも神民と僧との間に争いがあり、翌七年永久に神宮寺が停止され飯野郡に遷ったとある。また、延長七年(九二九)七月の「伊勢国飯野庄大神宮勘注」によれば、宝亀五年(七七四)七月二三日符に多気・度会両郡境内所在の仏地は明神の御祟りにより祓い清め神地とし、昌泰三年(九〇〇)七月五日符により飯野郡の寺田・仏地は皇大神の御祟りにより祓い清め神地としたという(『平安遺文』二三三号)。

したがって、大神宮寺は逢鹿瀬寺のこととなり、逢鹿瀬の地名は現在多気郡多気町の宮川沿いの左岸にあり、伊勢国分尼寺と同型式のものを含む八世紀後半の瓦の出土のある逢鹿瀬廃寺に比定されおり、宝亀三年に移転した飯高郡渡瀬山房を大明神山(松阪市広瀬)、同一一年に移転した飯野郡の寺を御麻生薗《みおぞの》廃寺(松阪市)、同一一年の移転先をヒタキ廃寺(松阪市阿形町)と想定する説がある。このように伊勢大神宮寺は度会郡から飯高郡・飯野郡・公郡と退転し、宝亀五年には多気・度会郡、昌泰三年には飯野郡でも寺田仏地が神地となる状況であったようだ。

全国的に見れば、八世紀後半から神社では神仏習合の様相を示すようになるが、伊勢神宮では逆に神仏隔離の方向に進むようになる。以上のような背景の中であらわれたのが、先に見た神宮や斎宮における仏教用語に対する忌詞の採用であったのであろう。

奈良時代後半には、天平宝字七年(七六三)多度神が満願《まんがん》禅師に神身離脱をしたいと託宣したことで、小堂を建て神像を安置し多度大菩薩と号したとある(「多度神宮寺伽藍縁起幷資財帳」)。これとほぼ同じ頃、伊賀国種生《たなお》の常楽寺に伝来する『大般若教』五九五巻の中の、天平宝字二年(七五八)に書写された巻九一の識語によると、天平勝宝九歳(七五七)に山中に分け入って修行を行っていた道行が雷に死を覚悟したおり、「神柱」の安穏のため『大般若経』六〇〇巻書写の誓いを立て、「諸大神柱」が『大般若波羅蜜多経』の威光により「大聖の品」(菩薩の階位)に登らせることを願い、願主の右行に「伊勢大神の為に奉る」とある。この「伊勢大神」が伊勢神宮の神を指すのか、伊勢の地方神を指すのか議論があるが、いずれにせよ在地では「伊勢大神」に対し神身離脱を行うことを、僧らが願っていたことがわかる。

その後の伊勢神宮と仏教との関係について簡単に触れておくと、平安時代の一〇世紀末から伊勢神宮の祭主が、一一世紀には内宮外宮の祢宜も出家をするようになるものの、僧や持経者の神宮参詣は明治維新まで原則的に二鳥居までしか許されなかったようだ。一一世紀初頭に祭主大中臣永頼《ながより》が夢告で、天照大神の本地が観音菩薩と判明したため蓮台寺《れんだいじ》を建立するという説話があり(『古事談《こじだん》』巻五)、天照大神は観音菩薩が本地とみなされていたことがわかり、やがて大日如来と習合すると言われている。古代から中世にかけて、天照大神は神話的世界から仏法的世界の中で変容を遂げていくが、その一方で天皇や朝廷にとっての天照大神の坐す大神宮は、奉幣・祝詞による祈願対象であり、斎王の派遣は途切れることがなかったのである。

第六章

経済・財政基盤を探る

1　神宮の経済基盤

神宮の最重要地、神田(御田)

伊勢神宮や斎宮が大きな組織であり、多くの職員を抱えて天照大神のために多くの神宮祭祀を行っていたことを、これまで縷々《るる》述べてきた。しかし、神宮祭祀に関わる職員を養っていくための食料品、また天照大神を始めとする神々に捧げられる根幹が大量の稲、絹製品、魚介類という自然の産物であれば、それらを地元で生産するか、他の場所から生産した物を輸入するしか手段がないわけである。大化改新から天武持統朝における律令制国家への道程の中で、都への税制度や貢進体制、それに官人給与体系などが確立すると、その仕組みに神宮や斎宮も巻き込まれることになった。どのような仕組みでそれを維持し続けたのか述べてみたい。

まず神宮から見ていこう。大神宮式によれば伊勢神宮の経済基盤の一つは神田(租が収入)である。神田三六町一段の国別内訳は、伊勢国三二町一段と大和国宇陀郡二町・伊賀国伊賀郡二町で、さらに伊勢国の内訳は神郡である度会郡一〇町五段と飯野郡一一町六段で約三分の二を占めており、残りは安濃・壱志郡(各三町)、飯高郡(二町)、桑名・鈴鹿郡(各一町)で、これは「皇太神宮儀式帳」の倭姫命巡幸伝承にみえる神田を進上した国名のうち多気郡を除いて一致している。多気郡はほぼ全郡が後で述べる神戸であったことが影響しているのであろう。

このうち度会郡の五町四段(二町四段大神宮・三町度会宮)を割いて、郡司が経営し、収穫分は内宮の三節祭と外宮の朝夕の御饌に用いられ、残り分はこの地域の売買価格で賃租《ちんそ》(田を一年間借して耕作させること)し祭料に充てることになっていた。

一方、「皇太神宮儀式帳」にも神田の内訳が記されている。そこには度会郡六町九段とあるが、「見佃《つくだ》御田二町四段」として荒木田と宇治田が一町ずつ御膳《みけ》料とあり、残りの四段は荒祭宮料で、これらは先の大神宮式の記載と比べると大神宮料の二町四段に該当するのであろう。その他、板立《いただて》(厩舎)で飼養される御馬の秣《まぐさ》地の田一町一段、祢宜・内人らに給う田が三町四段となっており計四町五段であるが、先の分と合計して六町九段もの数値となる。度会宮に関しては「止由気宮儀式帳」に残念ながら記載がないが、少なくとも大神宮式規定の三町程度の神田が、朝夕御饌料などのために存在したはずである。

いずれにしても、神田から穫れた稲で三節祭料や直会料や節会料、祭事の祢宜らへの食料、そして朝夕御饌料が確保されていたことになる。いわば神宮のもっとも重要な三節祭や朝夕御饌、祭事の祢宜・内人らのための稲がここで生育されていたことになり、外宮の神田が内宮より多いのは日々の朝夕御饌料のためであろう。

神宮の封戸

封戸《ふこ》は一般戸から官人などに与えられる給与の一つであったが、神社に対して与えられる封戸を神封《しんぷ》と記すことがある。神封に関する規定は禄令になく、一般の封戸は天平一一年(七三九)五月に、半分から全給に改められているが、神戸は神祇令から知られるように、当初から全給であったと考えられている。

伊勢神宮に与えられた封戸(神封)の変遷に関しては幸い多くの史料が残されているので最初に概要を見ておこう。

奈良時代後半の宝亀一一年(七八〇)五月には一〇二三戸とある。平安時代初期の大同元年(八〇六)の牒(「新抄格勅符抄」)によれば、全国の神封四八七六戸のうち伊勢大神は一一三〇(内訳の合計は一一三〇)戸とあるので、全国の神封のうち約二三(二五)%という膨大な戸数が伊勢大神用であったことになる。伊勢大神の神封のうち伊勢国の分は九四四戸で、その他の国の分は二八六戸となるので伊勢国内の神封は約七七%を占めたことになる。

次に弘仁一二年(八二一)八月二二日官符によれば、他国が一三一烟(戸)で租五二五〇束とあり、伊勢国が租三万五〇〇〇束とあるので八七五烟(戸)となる(『類三』)。また、それに遅れる大神宮式では他国は二〇一戸とあり、度会・多気・飯野の三神郡を除いた伊勢国の戸数は一五二戸なので、仮に弘仁期の伊勢国戸数八七五戸から一五二戸を引くと七二三戸となり、これが度会・多気・飯野三郡の概数となろう。

ところで、一〇世紀の前半に成立した百科辞書である『倭名類聚抄』には郷数の記載がある。写本によって数値が異なるが、大東急記念文庫所蔵の写本(室町時代中期)の郷数は神戸・駅家を別立てにしていることもあり、高山寺所蔵の写本(平安時代末期)の郷数より多い場合がある。そこで写本的にも古い高山寺本をここでは取り上げてみよう。伊勢国の多気郡は七郷、度会郡は一〇郷、飯野郡は五郷とあるので、単純計算で戸数は三五〇戸、五〇〇戸、二五〇戸となる。したがって、合計一一〇〇戸となるので、先の七二三戸数が封戸であるとするならば、三郡のうち約六六％が封戸で占められていた計算になる。

なお、『延喜式』九条家本の書き入れによれば、伊勢国は一八三一烟(戸)とあり、その年代は記されていないが、郡別封戸の書き入れを見ると、安濃郡の封戸の天禄四年(九七三)が下限であるところから、おおよそ一〇世紀後半の烟数と推定され、三神郡以外は九四二烟(戸)と計算できるので、三神郡は八八九烟(戸)と推定される。このうち、度会郡は一七〇烟(戸)、多気郡は三三四烟(戸)とある。

先に述べた『倭名類聚抄』の三神郡戸数の一一〇〇戸を参考にすると、約八一％が封戸を出す戸となる。三神郡での封戸数の比率は大神宮式段階より高くなるといえ、特に多気郡はほぼ全戸に近い数が封戸であったと推定される。

ところで、多気・度会・飯野三神郡の起源を探る上で参考となるのが、第二章1で述べた「皇太神宮儀式帳」で、孝徳朝(六四五〜六五四)に一〇郷《さと》を割いて度会評、また一〇郷を割いて竹(多気)評にし、甲子年(六六四)に多気郡(竹評)から四郷を割いて飯野郡(評)とした記事である。大化改新による建評の存在はほぼ認められているところであり、この時の郷数は先に触れた『倭名類聚抄』の高山寺本の数値と類似しており興味深い。持統紀六年(六九二)閏五月一三日条には「二神郡」とあり赤引糸三五斤を輸《さと》させており、遅くともこの時点で度会・多気の二郡(評)が神郡(評)であった可能性は高い(第二章1)。なお、飯野郡は仁和五年(八八九)三月に一代限り神郡に奉られたが(『紀略』)、寛平九年(八九七)九月の例幣のさいに今後永代に神郡として奉るとし、貢物や官舎等の類は弘仁八年(八一七)の格に準じ行うことになった(『類三』)。兵乱が平らげられたのが理由のようである(『紀略』)。

志摩国の封戸

ところで、伊勢神宮の摂社である伊雑《いざわ》宮の名は、大神宮式には伊雑宮一座は大神の遥宮《とおつみや》で志摩国答志《とうし》郡にあり大神宮を南に去ること八三里と見えており、「皇太神宮儀式帳」にはさらに志摩国答志郡伊雑村にあり、天照大神宮と称し御形は鏡とある。神宮側では伊勢神宮と祭神は同じ認識であったようだ。

神亀六年(七二九)の「志摩国輸庸帳《ゆようちょう》」(『大日本古文書』一)には神戸三所とあるが、伊勢大神宮の神封もこれに含まれている。さらに、粟島・伊雑神戸から貢納される庸塩の数が記され、志摩国の総課丁一〇六二人のうち神戸の課丁数として伊勢大神宮が一三〇人、粟島神戸が五人、伊雑神戸が六人とある。すると、総課丁のうち約一三%が神封・神戸人だったことになる。大同元年(八〇六)の「新抄格勅符抄」にも伊勢大神の神封が志摩国に六五戸(大神宮式には六六戸)あり、「粟嶋神二戸、伊雑宮二戸〈並びに志摩〉」とあり、一戸の課丁数二〜三人とすれば輸庸帳の課丁数と合う。志摩国では、大神宮の摂社の伊雑神が地元の粟島神と同規模で、大神宮の神封の多さが目を引く。ちなみに伊勢大神宮の神封からは庸塩一八斛三斗七升五合が送られていたことになる。

このように、奈良時代は粟嶋神と伊雑神は別神であったが、「皇太神宮儀式帳」・大神宮式には伊雑宮しか見えず、神名式には粟島坐伊射波《いざわ》神社二座と同島坐神乎多乃御子《かみおたのみこ》神社一座が大社として見えるだけである(巻末付表2)、前者は『延喜式』写本の一つ金剛寺《こんごうじ》本に貞観式で大社になった標注があり、諸説あるが二座とあり粟島を冠するところから粟島神一座、伊射波とあるので伊雑神一座が合体した名称の可能性は高いかもしれない。

なお「皇太神宮儀式帳」には、「伊雑宮遷し奉る時の装束合せて十四種」項に佐美長《さみなが》神社祭行事として御饌稲二〇束は伊雑宮から充てられており、佐美長神社は六月二五日の伊雑宮祭供奉行事に「佐美長神社一処、御前四社」とあるが、佐美長神社と同島(粟島)坐神乎田乃御子神社が同一社かどうかは、残念ながら現在のところ不明とせざるをえない。

ちなみに、その同島(粟島)島坐神乎多乃御子神社は天照大神と関係がある。神功皇后摂政前紀(仲哀天皇九年三月朔条)に、仲哀天皇に祟った神を神功皇后が祈請したところ「伊勢国の百伝《ももづた》う度逢県《わたらいのあがた》の振鈴《さくすず》五十《い》鈴《すず》宮」(伊勢神宮)に居《ま》す「撞賢木《つきさかき》厳之《いつの》御魂《みたま》天疎《あまざかる》向津《むかつ》媛《ひめ》命」(天照大神の荒魂《あらみたま》)を挙げ、さらに問うたところ、「尾田《おだ》の吾田《あがた》節《ふし》の淡郡《あわのこおり》に居《ま》す神有り」と答えた。答志郡の同島(粟島)坐神乎田乃御子神社を参考にすると、尾田は神乎田に通じ吾田節は「私の手節」=「答志」で、淡郡は粟島に比定される。その後、神功皇后摂政元年二月条で新羅を討ち戻ってきた皇后が、難波の海で進めなくなり、卜ったところ、天照大神が荒魂を広田国に坐《ま》さしめ、次に稚日《わかひる》女《め》尊を活田《いくた》長峡《ながお》国に坐したい、と述べているのと文脈的に対応しており、「尾田の吾田節の淡郡に居す神」とは稚日女尊のことで、したがってこの神は天照大神の子か妹とも言われている。

多様な支出

さて、話を戻して大神宮の収入源でもある神戸・神郡・封戸と記された規定などから、どのような目的に支出されていたのか見てみよう。

まず、神戸は国家の意図を承けて設置されたものであるが、その支出の仕組みを見ておこう。

神祇令によれば神戸の調・庸・田租は神宮造営と供神調度に充てられ、税は義倉《ぎそう》(備荒のための倉庫)に準じ国司が検校《けんぎょう》し神祇官に送ることになっていた。臨時祭式では神戸の調・庸は、祭料と神社造営、それに供進調度に充てられ田租は貯蓄して神税《しんぜい》となっている。諸国の神税・調・庸帳および神戸の計帳、祝部らの名帳は、毎年調査して造り神祇官に送られ計会(照合)して、返抄という受領証明書を税帳使などに与えることになっていた。また、稲(租)が稔らず調・庸が減少した場合、まず供神料を割き残ったものが、宮司の給料や諸使の禄に充てられることになっていた。このように、神戸は神祇官の収入源ともなっていたことになる。

宮司は初任のおり稲一〇〇〇束、毎年絹五〇疋・米一〇〇斛を給い、神祇官の五位以上の中臣を祭主とした場合、初めの年に稲一万束を給わった。さらに、両宮の祢宜には四・六月に日別食米二升、物忌の一部には年中の食料日別米八合が支給された。三節祭や解斎の直会日の鳥《とり》子《こ》名《な》舞の童男・童女一八人の衣裳料や、弾琴《みことひき》・笛生・歌長の布料は年の終わりに給わった。また、神嘗祭(ほかに祈年祭・月次祭)の奉幣使や臨時の幣帛使の禄の絹は調物を給わったのであろう。そして、宮司の季禄や祢宜の五位の位禄は神税を給わり、斎宮寮官人の季禄も伊勢国の神税を給わることになっていた。

さらに神亀六年(七二九)四月には、伊勢神調の絁《あしぎぬ》三〇〇疋は神祇官任用の中臣朝臣らに賜ることになり、神宮の神戸・神郡からの調は神祇官中臣朝臣という特定氏族の収入ともなっていたのである。なお、『令集解』神祇令の義解説・令釈説によれば、内相(藤原仲麻呂)宣に、神戸調・庸は供神用に充て、残りは申告させ中臣氏に与えられることになっていたらしい。

さて、大神宮の収入制度については宮司の仕事のところでも述べたが、今一度大神宮式から収入の仕組みをふり返っておきたい。まず、三神郡と六神戸と諸国の神戸からの調・庸・田租は、国司からの調文・租帳などによって宮司が調査し納め、その状態を国司に附けて都の主計寮と主税寮に送ることになっていた。なお、三神郡と六神戸と諸国の神戸では「正税」を出挙することを禁止していた。

また、大神宮の諸国の封戸(神戸)の調・庸・雑物は、宮司が検査・受領し借用することになっており、当国の地租は官舎に収納し事情により支出することになっていた。それらはすべて神税帳に記され、都の主税寮に申し送られることになっていたのである。

ところで、大宝二年(七〇二)詔によれば大神宮の神封物は「神御之物」なので、神事に供する物に準拠し濫《みだ》りに穢れさせないようにし、勅により大神宮の服料は神戸の調を用いることになった。神嘗祭を見ると、神御の物は「封戸の調糸」「調荷前《のさき》絹」「諸国調荷前」「神税」が内訳にあるので、封戸・神戸の調と神税(租)が使用されたことがわかる。明記されていないが月次祭も同じであろう。また、神嘗祭の翌日神封から調の荷前分一〇〇疋が、斎宮に貢進されることになっていた。卜部《うらべ》一人の衣粮や、斎王が三節祭に不参の時の祢宜・内人らの禄、それに御厨の案主《あんず》・司掌《ししょう》・鑰取《かぎとり》・厨女《みくりやめ》の衣食も、神封の物を給わることになっている。

このように、神郡・神戸と記された規定などからの収入の調・庸・神税は、祭料、神宮・神社造営、供神調度・雑料と神祇官(中臣氏)や諸使、それに宮司・祢宜などの神宮職員への支出用途に分けられ、封戸と記された規定などからは祭料・神事物、斎宮・祢宜・内人らの禄、卜部の衣料、御厨関係職員の衣食などが規定されていた。大神宮の収支状況の区分けは不明な部分も多いが、いずれにせよ神封(神戸・神郡)からの収入と多様な支出により、また国司(公郡)からの支出もあり、大神宮の役所である大神宮司の仕事が複雑そうだということはわかっていただけるであろう。

人々の特殊な負担

ところで、神郡・神戸の人々はさらに多くの負担と出仕が求められた。これまでと同じように大神宮式・斎宮式などを見てみよう。

神戸からは祝部《はふりべ》が最低一人任用され、神社の祭祀・管理や幣帛の受け取りなどを担当した。祭祀に供する舗設の雑器や松・薪・炭の類の修備、それに神宮諸院と斎王が神宮に参る時の館舎の修理は、神戸の人の雑徭が充てられた。また、斎王が参入の日の飯野郡櫛田河の浮橋は宮司が中心に担当し、神郡の人が臨時に営作したがこれも雑徭であろう。

封戸の中からは、大神宮など諸宮と御厨・斎宮・祭主に仕丁《しちょう》が出され、位階や官職に応じて与えられる従者としての資人《しじん》も神郡から補任された。仕丁四八人は神郡・神戸の百姓が充てられ(民部式上)、その内の六人は斎宮寮と厨家の修理に使用されることになっていた。また、御厨の案主・司掌・鑰取・厨女は、神郡・神戸の百姓が充てられ、神戸百姓一三二人が交替制で斎宮の守衛となったが、庸の免除があった(同上)。禁止条項として大神宮の封戸の百姓は簡単に斎宮寮の舎人《とねり》に補任されないこと、神郡・神戸の百姓は出身(叙位・任官)の例に預かれないこと、が挙げられる。また、蔭位《おんい》で出仕して神宮にいた場合、その上日・行事は神祇官に送られることになっていた。

斎宮には多くの雑色人《ぞうしきにん》がいたが仕丁・駈使丁・飼丁は神郡と神戸百姓採用の規定(同上)があり、使女《つかいめ》も恐らく現地採用であり、斎王が国に到った日に、度会郡二見《ふたみ》郷の礒部氏の童男を取りトい《うらな》で戸座《へざ》とし、その火炬《ひたき》には当郡の童女をトいで用いたとある。

神郡の人々は一般の公郡と異なる扱いを受ける場合があった。天応元年(七八一)一二月、光仁太上天皇が亡くなり六ヶ月の服喪となり、その月の二五日から諸国の郡司は庁前で挙哀《こあい》三日などを行い礼は日に三度、初日は再拝両段(二例拝を二度する作法)することになったが、神郡はこの限りでなかった。神郡は天皇の服喪が及ばない、つまり喪の穢を嫌う特殊な地域として考えられたようだ。また、大宝四年(七〇四)正月に、多気・度会二郡の少領《すけ》以上の郡司に関して三等以上の親の連任を許しており、式部省式でも神郡郡司に同姓を許すとしているのも、神郡内での郡司クラスの氏族の流動性を阻止し、神郡内での秩序維持を図るための特殊性を物語っていよう。

2　斎宮寮の財政基盤とその変容

収入と支出

一方、斎宮寮は都の官司と同じ形をとっているので、経済基盤を財政基盤と言い換えてもよいかもしれない。斎宮の一年間の使用物は、もともと神戸の調・庸等の物を用いていたが、天平二年(七三〇)以後官物《かんもつ》を用いることになった。その結果、斎宮寮では中央を経ないで伊勢国を含めた東海・東山道の一八ヶ国から、調・庸が直接送られ納入された。諸国が送る調・庸と、京庫に請求した雑物は表の通りであるが、斎宮寮の倉庫に積み貯えて雑用に使用されることになっていた。斎宮跡から出土した倉庫群がそれを如実に物語っていよう(第三章3)。この点は、天平二年度の「尾張国正税帳」(『復元　天平諸国正税帳』)の山田郡項に、民部省符により斎宮に七〇〇束送られていること、天平六年度の「尾張国正税帳」(同上)にも民部省符により斎宮に米三〇〇斛(穎稲《えいとう》六〇〇〇束が充てられている)が送られていることからわかる。ちなみに、穎稲

斎宮寮に送られる調・庸・雑物(『延喜式』巻5斎宮)

畿内	諸道	国名地	調・庸・雑物名
諸国	東海道	伊賀	庸米342石
		伊勢	(絹・絁)300疋, 履30両, 紙1000張, 筆100管, 庸米473石2斗, 舂米534石8斗(内, 黒米395石), 糯米10石, 小麦10石, 大麦1石, 粟3石6斗, 大豆6石, 小豆6石, 醤大豆18石, 胡麻子1石, 葷子1石, 櫋椒油4斗4升, 煮塩年魚2石, 鮨年魚1石, 雑魚鮨5石, 甘葛煎1斗, 贄直稲(日別2束)
		大神宮司	馬秣稲120束, 蒭2400囲(神郡の浪人, 刈り送る)
		国司	蒭2400囲(国内の浪人, 刈り送る)
		志摩	亀甲12枚, 塩15石, 堅魚288斤, 雑腊2石, 熬海鼠100斤, 鮨鰒2石, 雑鰒344斤, 海藻309斤14両, 凝海菜340斤
		尾張	長絹20疋, 調糸200絇, 筆100管, 舂米200石, 塩65石, 鳥腊10斤, 雑腊2石, 雑魚鮨5石, 茨菜10囲
		参河	白絹30疋, 庸米599石3斗, 舂米200石, 黍子1石, 鯛楚割90斤, 胎貝鮨1石8斗, 鯛枚乾100斤
		遠江	絹150疋, 庸糸100絇, 木綿48斤, 胡麻油3石, 雑腊1石
		駿河	絹100疋, 庸布200段, 煮堅魚144斤
		伊豆	木綿252斤, 堅魚212斤, 堅魚煎4斗
		相模	絹50疋, 庸綿1100屯, 布500端, 腸漬鰒7斗
		安房	東鰒300斤
		上総	細布100端
		下総	布300端, 麻400斤, 熟麻100斤
		常陸	調布100端, 倭文2端
	東山道	近江	醤鮒3石
		美濃	絹50疋, 筆28管, 庸米293石, 舂米400石, 陶器696口
		飛騨	山薑2斗
		信濃	熊皮8張, 猪膏3斗, 楚割鮭120隻, 芥子5斗
		上野	庸布650段
畿内		京庫	両面3疋3丈, 緋帛7疋3丈, 錦1丈7尺6寸, 油絁8疋1丈, 雑薬58種, 白綿600屯, 鍬235口, 鉄50廷, 砥8顆, 墨19廷

とは稲穂のままの稲のことで、米とは稲穀《いなこく》のことである。

延暦二〇年(八〇一)、諸神の封物を神祇官に納めるのを停止した際に、大神宮封戸の調絁《あしぎぬ》三〇〇疋・庸米《ようまい》三〇〇斛も同様に停止し、斎宮寮に納めて雑用に充てるようにした。しかし、その代わりに諸国から斎宮寮に送られる料物から、絁三〇〇疋・庸米三〇〇斛を割《さ》いて神祇官に納めることにしたので、神祇官と斎宮寮の収入に変化はなかった。

斎宮寮には供田《くでん》二町(多気・度会郡に各一町)・外供田四町(多気郡三町・飯野郡一町)・墾田二七町八段一一七歩(多気郡一七町七一歩・飯野郡一〇町八段四六歩)があり、外供田は賃租による地子《じし》稲《とう》(法定収穫数の二割)を供御の欠乏に充て、墾田は郷土の估価《こか》(売買価格)による賃租で雑用に充てることになっていた。したがって墾田を含めると、先に見た大神宮の神田の総面積とあまり変わらないことになる。

都の主計寮では諸国が斎宮寮に進納する調・庸・雑物について、斎宮寮の返抄を待って検査し、未進があった場合は国司の給与を没収することになっていた。また、斎宮寮に納められた雑物の使用未使用・未進の品目と数量は季帳(四季ごとの帳簿)に注載し、四孟(正月・四月・七月・一〇月)に使者を太政官に進上し、被管の一二司の季帳は斎宮寮官が再度審査し押署して進上することになっていた。

支出は斎宮式に詳しい。斎王の月料および節料などは在京の例に準拠していた。諸司の男女

「美濃」国名刻印須恵器（斎宮跡出土）

官の月俸や雑色人の衣服は当国・他国からの進上の多少に従い、上・下を論ぜずその種類ごとに支給し、その場合女官を先にし男官を後にするということになっていた。そして、斎宮寮の官人以下の春・秋の禄は神税を用いたが、夏・冬の服は斎宮寮が支給した。また、斎宮の祈年・新嘗祭供神雑物・明衣・祝詞料は在京の例に準拠することになっており、新嘗に供えるための物は斎宮寮と伊勢国・美濃国が準備することになっていた。

そして、斎宮の舗設《ほせつ》は斎王が国に向かう初年は伊勢国が供し、その後の年は寮司が備えたが、幄《かけはり》（幕によるテント）など京庫の物を充てるものもあり、酒など調味料は初年に国司があらかじめ寮に納める米・大豆・塩等を割《さ》き造っておき、甕《みか》の破損は尾張国が供送することになっていた。斎宮寮の一年間の供物の中には、寮が準備するもの以外に伊勢国・美濃国が供するものもあった。

また、斎王が伊勢国に到ったら、初年は正税（国司管理）七〇〇束を割いて一年間の膳に供用し、多気郡が毎月舂米にして斎宮寮に送り、その後の年は供田（供御田）の稲を用い、斎王が京に還るとき幃《とばり》・幄・釜《かなえ》・瓱《みか》の類は国司が管理することになっていた。

以上のように、斎宮寮では寮物以外に伊勢国(国司)や美濃国・尾張国などの、東海地域からの貢進物資にも頼っていたのである。

財政改革

ところで、斎宮寮の財政は何度か改定が行われている。

延暦一一年(七九二)、斎王の禊に用いる物は神郡による供給から斎宮寮が準備することになった。供給料の稲二四〇束は正税を舂き寮家に運送することにし、斎宮寮の一年間の乾蒻《ほしくさ》も神郡百姓が三〇〇〇斤進めていたが斎宮寮が神戸に派遣して刈らせ、その食料は正税を充てることにした。弘仁三年(八一二)には、明年から神税のほか正税一三万三〇〇〇束を使用し、その利息を斎宮用に充てることになった。また、同一一年(八二〇)撰進された弘仁式によれば斎王が伊勢に向かうおり、頓宮を造り雑用のための稲は近江国一万五〇〇〇束・伊賀国七〇〇〇束・伊勢国二万二〇〇〇束とし、斎宮寮官人以下奴婢以上の食料は伊勢国の庸米を充て、もし不足した場合は正税を舂いて送り充てることになった。

元慶五年(八八一)には、都から絹二〇四疋と調布三〇六端を斎宮寮に賜い命婦・女孺ら入京の装束料に充てている。同年二月には伊勢国正税稲一万束を割き、宮司に付し毎年出挙しその利息をもって斎宮雑舎を修理することとなった。仁和二年(八八六)一〇月、以前は斎王が大神宮に入った後に伊勢国正税穀三〇〇〇斛を新居の費用としていたが、勅により伊予国正税穀一〇〇〇斛と讃岐国一〇〇〇斛を廻して斎宮寮に充てることにしている。

このように、時代に応じて斎王や斎宮寮官人等、また斎宮新居あるいは修理費用のため、特別支出が伊勢国の正税から捻出されていたことが知られる。これらのことは、当然伊勢国の行政官たる国司の職務と重なるため、平安時代になるとやはり問題となってくるのである。

3　神郡をめぐる争い

宮司と国司の二重支配構造

古代に設定された神郡という特別区域は、伊勢国以外に安房《あわ》国安房郡・出雲国意宇《おう》郡・筑前国宗形《むなかた》郡・常陸国鹿島《かしま》郡・下総国香取《かとり》郡・紀伊野国名草《なくさ》郡にも存在しており、一般の公郡と異なる扱いがなされた。公郡は選叙令で官司の四等官に同一親族の三等以上親の併任を禁止する制限を設けていたが、天平七年(七三五)に郡司は同姓を併任しない規定となった(『類三』)。これは親族や同姓者で官職を独占し、恣意的な政治や権益の独占が行われないようにするものだったのであろう。しかし、神郡に指定された地域の郡司は、もともと奈良時代以前に国造として、その地域の有力氏族であった場合もあるように、その地域の有力神宮・神社の神主を兼ねていたのである。いわば「聖界」と「俗界」の両方の顔をもつのが、神郡に指定された地域の郡司であった。

したがって、先の規定は受け入れられるものではなかったのであろう。大宝令が施行される前年の文武天皇四年(七〇〇)に、安房坐神社の神郡である安房郡の大・少領の父子兄弟の連任が申請され許されている。それに続いて、大宝四年(七〇四)伊勢神宮神郡の多気・度会二郡司の少領以上は三等親の連任を許された。そして、天平七年には郡司の同姓任用禁止についても、神郡は例外とされているように特別扱いになった。

さて、伊勢国も一般の国と同様、国司と郡司の行政下にあったが、伊勢国の神郡は伊勢神宮に奉仕する郡であるところから宮司の支配下にもあった。この二重支配構造のため奈良時代から問題が発生することになる。

称徳天皇と道鏡との仏教政治に幕が降り、光仁天皇による神祇を重んじる政治が始まった。宝亀五年(七七四)の太政官符によれば、神祇官解に御卜《みうら》の祟りがあった。それは多気・度会二神郡の百姓が逃亡した口分田の地子《じし》は神税とすべきなのに、国司が正税に混合しているということによるもので、今後神税として収めることになった(『類三』)。『雑例集』所引の太政官符によればこれは二条目で、一条目は二神郡内から寺田と王臣の位田、それに他郡の百姓口分田を割き出し他郡の田を授けるようにし、祢宜・祝の位田は現状のままにするという内容であった。一方で、大神宮の祢宜・祝・内人・物忌らの犯罪・過失や雑穢《ぞうえ》を取り調べ、二神郡を祓い清めさせている。

このような法令は二神郡の神域化の主張であり、国司の神郡への関与の排除でもある。宝亀四年の図籍(班田収授を記録した田図と田籍)が道鏡政権による寺院保護主義的政策を根本から修正する意図や、天平勝宝五年(七五三)の伊勢・志摩両国の抗争(第二章2)とも関係していると言われている。同六年には伊勢に使者が派遣され度会郡の堰《せき》や溝が修繕され、多気・度会二郡の耕種すべき土地を視察させている。そして、宝亀一一年(七八〇)には伊勢大神宮封戸の一〇二三戸が旧来通りに戻されたと思われる。

国司との争いの本格化

平安時代に入ると、伊勢国の行政を担当する国司との争いが本格化する。

延暦二〇年(八〇一)には、国司が多気・度会二郡司らは神事に託し常に欠怠が多いので、郡堺の外で決罰を行いたいと述べており、神郡域では国司が公郡のように決罰を行えなかったことがわかる(『類三』)。

また、神祇令によれば税は義倉に準ぜよとあり、内相(藤原仲麻呂)宣に伊勢神税の出挙の類は令に準じ停止とあるので神税は出挙しない方針であり、『令集解』神祇令の注釈書である令釈説も同意見を述べている。ところが、弘仁三年(八一二)、多気・度会・飯高・飯野等七郡の神戸ではこれまで出挙を停止していたが、弊害が大きいので明年より神税のほか正税一三万三〇〇〇束を出挙し、その利息で斎宮の費用に充てることになった。その後、同七年に御卜の祟りにより、国司が多気・度会二神郡で正税を出挙し刑罰を行うことを旧例によりふたたび停止し(『類三』)、その結果、大神宮式のように三神郡と六神戸、それに諸国の神戸では正税の出挙を禁止した規定となったのである。

弘仁二年(八一一)、諸国の神戸は課丁が多く神に供する以外公役に赴かないので、その身を役し神社を修理させ大きく損なうことのないようにし、国司は毎年巡検と修造をし、もし従わないでさらに怠たれば、その事情に従い祓を科すとした。また、これによれば神戸の課役負担が軽かったので、神戸の課丁数が増加する要因となったことがわかる。なお、この神社に関しては、翌三年五月三日官符に有封神社とあり、無封神社は祢宜・祝が修理を行い、国司が巡検を行い破損があった場合の処罰法を決めている(『類三』)。このように、国司に神社管理の職務もあったため事態は複雑であった。

しかし、それから約五〇年後の貞観二年(八六〇)一一月官符によれば情勢が一変している。それによれば、神宮の神戸の百姓が死損の場合に国司は除帳をせず、あるいは名を偽り附帳しているため五、六丁に過ぎない有様で、ここに到って国司は除丁《じょてい》と号し、官戸への割き取りと課役(調・庸・雑徭)徴収が行われており、神事が行いがたい状況になっていたことを愁い述べている。そこで、神祇官は封戸の余りがあっても減らすことなく、神宮に奉仕すべきという上申を行い、それに対して太政官は延暦二〇年四月官符のように、封戸数を改めて減少させず、事実と食い違いがあれば罪に問うように命じた官符がある(『類三』)。この官符で結論を述べた右大臣藤原良相《よしみ》が「凡《およ》そ大神宮の事、諸社と異にす」と述べているのは興味深いが、ここでも神宮の神戸の丁数が国司によって恣意的に官戸に組み込まれ、神宮神事が行われがたいという状況になっていたことがうかがえる。

神郡雑務を宮司へ委任

少し戻って、弘仁年間(八一〇〜八二四)には宮司と国司との間に、大きな権限の変化があった。まさしく、神宮お膝元の神郡をめぐり、神祇官—宮司と太政官—国司との雑務権限に関するやりとりが繰り広げられ、実態がよくわかるので見てみよう。

まず、弘仁八年(八一七)一二月大きな所管変更が行われた。それは、多気・度会両郡の神社九三前の修理、溝池一九処の修理、度会郡駅家一処の修理、桑・漆二一万八七九六根の催殖、正倉官舎四一宇の修理、百姓訴訟の決などの雑務は、国司から宮司に切り替えるというものである。その大きな理由は太政官が、先に見た延暦二〇年五月祓法(第五章3)を立て恒例としたが、現在この符により宮司が雑務に預からず決罰し、国司は決罰できず雑務に預かる、という矛盾が生じたことによる(『類三』)。

また、神祇官がむなしく旧例により刑罰を停止する占いを見て、いまだに新格が解由《げゆ》(交替手続き)を留める苦しみを知らないため、ついに国司は権威をなくし百姓は仕事を怠っており、もし小違反によって常に郡司を解任すると、後任補充の骨折りばかりでしまいには郡民もいなくなり、さらには誰を任用するのか、という状況であった。そこで今後二郡の雑務は、永く宮司に預け交替分附すれば官物は修造の便があり、国司は遷代の煩わしさがないことが挙げられ、処分を請う場合は神祇官が卜食《ぼくじき》をして国解により行うように、ということになった。

これらのことは、伊勢国司側が解由と神郡独自の祓の煩わしさから逃れるために、神郡の雑務を宮司に委《ゆだ》ねようとしたと言える。

田租の検査納入も宮司へ

その一方で、四年後の弘仁一二年(八二一)、今度は神郡の田租の検査納入も宮司に任せることになった。これも長い官符であるが、やはり当時の宮司と国司とのやりとりと実態がよくわかるので、紹介しておこう(『類三』)。

この官符は神祇官の以下の解(上申文書)に対する回答である。昔は宮司が多気・度会両郡の神田租と七神戸の田租を検査納入し、祭祀に使用することが長かったが、その後は国司が預かり検査納入している。そこで過去の「案内」を検討したところ、延暦二〇年(八〇二)諸国に下した符に、神祇令(本章1、183頁)に準拠し検校と称しわりふりすることは実行しにくいので、国司・郡司・神主らが祭料を配分し併せてその残りを注し申上するようになったが、国司らが用帳を調べて知り神物を収めることはすでに旧例(昔の例)に違反している。この大神(伊勢神宮)は天下の貴社で、このような類は元来禁ずるところである。したがって今、諸神に準拠し国司が検収することは穏やかではない。そこで延暦二四年(八〇五)符で旧例に依り、国司が預かることがないようにとなった。

その後、宮司が検査納入し祭料に充て用いてきたが、物(租稲)は神宮と離宮を造る用に充てられ、残るところの数は少なく、祭用に欠けるところもあるので、さらに欠料を請うた。そこで、弘仁六年(八一五)符で、宮司が年中の神事は欠けるべきではなく、当国の神税は残るところが数少ないので、他国の神税を欠ける料に充て用いたいと願ったので、他国の神税を以て年中の雑用の料に充て、当国の神税は毎年儲け置き、もしやむをえず用いる場合は、前もって申告し後で用いることになった。その結果、国司はまた預かり納めることになり、符の旨によって充当することになったのである。

しかしながら、年中祭用は稲合わせて四万一一九〇束一把、他国にある神戸を合わせて一三一烟(戸)で輸《さと》すところの租は五二五〇束、例用を除く他に残るところは一五八五束となる。また当国が出す租は三万五〇〇〇束であるから、当国・他国の神税が合わせて三万六六五八五束、すなわち共に用いてもなお欠ける稲が四六〇五束となる。その代わりとして正税を借用し輸すところの租を割き、補塡すると言っても、年ごとに残りの封納があって煩わしい。そこで、国司に預けることを止め、宮司に昔のように検納させ、あらかじめその祭事に用いることにし、正税を借用し欠料に充てることは永久に停止することになった。

つまり、宮司の訴えによる神祇官からの上申によって、弘仁一二年神郡の田租検査納入は宮司の職務権限となったのである。

神郡雑務を国司へ

ところが、それから約三年後の天長元年(八二四)八月、諸社封物(神戸の調・庸・田租)は現在神主に任せているが恣意的に違反流用しているので国司に任せて、「造神宮及び供神調度」以外で用いる場合は国司の解由に拘わらせることとなった(『貞観交替式』)。直接、神宮を指すものではないが、この官符の背景には神戸への国司検校の強化が求められており、神宮での国司検校の退行も想定されるであろう。

その約二五年後、承和一二年(八四五)六月になると、今度は斎宮寮頭《かみ》・助《すけ》に大神宮と多気・

度会両神郡の雑務を検校させることを恒例とするなど、神郡雑務対策を斎宮寮長官・次官が命じられることになった。これは、この前年に伊勢守長岑高名《ながみねのたかな》が斎宮権頭を兼官していることからすれば、ふたたび神郡雑務に対する宮司から国司への権限移管が行われたといってもよい。やはり、宮司による神郡雑務処理には無理が生じていたのであろう。

なお、寛平九年(八九七)には、神郡での犯罪人の取り締まりのため検非違使《けびいし》が置かれている。伊勢国内にも検非違使がいたが、卜食者でないため神郡に入ることができず、神郡の諸人が禁忌《きんき》を犯し濫《みだ》りに悪を好み訴訟が絶えず、また宮司は神事を勤めるので巡察にいとまがなかったため、神民の中から有能な者を検非違使に充てよう、というものであった(『類三』)。ただし俸給はなく、大内人が順次把笏《はしゃく》し取り締まりに従事するという制度であったから、どのくらいの有効性をもったであろうか。

以上、九世紀前半の限られた時期の神郡の状況を垣間見たに過ぎないが、その頃に神郡内の司法・雑務・田租検査納入をめぐって、伊勢国司と伊勢神宮・宮司との間に争いがあり、また権限の移管などが行われていたことがわかる。神宮にとって神郡・神戸からの収入の確保は、祭祀(神事)や修理・人件費などの経費として死活問題だったのである。

終　章

神宮と斎宮の誕生

伊勢神宮と斎宮の古代史を辿ってきたが、最後にもう一度ふり返っておこう。

伊勢神宮と斎宮とは、古代国家にとってどのような存在であったのかを探るために、できるだけ多くの史料を引用し多面的に述べてみた。おそらく、日本の神宮・神社の中でこれほど豊富な史料が残されている例も珍しいであろう。つまるところ、それは天皇に関する現存史料が多いのと同じことなのである。

天皇の権能については、かつて石母田正《いしもだしょう》が『日本の古代国家』の中で、天皇固有の大権として官制大権・官吏任命権・軍事大権・刑罰権・外交と王位継承、の五点を析出したことがある。私はそこに天照大神祭祀権が含まれると考えている。天皇と祭祀の問題を考える場合、律令に見える律令制祭祀（国家祭祀・宮廷祭祀）の分析が大事であろう。しかし、そこに表面的には現れない問題が伊勢神宮と斎宮である。本文で述べたように両者は律令に直接規定されなかった。

それは律令に天皇の直接規定がないのと同じである。

しかしながら、伊勢神宮の祭神である天照大神は最古の古代史料の『古事記』『日本書紀』の神話伝承に規定されていたのである。序章で伊勢神宮の不思議さについて「伝承を含めた歴史の由来の重さ」と曖昧な言い方で記したのはその意味である。高木神から天照大神への転換、皇祖神天照大神の発明こそ最大の天皇(大王家)の強みであった。さらにヤマト国、あるいは畿内を離れて皇祖神を祭るということが、最大の強みとなった。本文でも述べたがヤマト国内には有力氏族がおり、それぞれの氏族の奉祭する強力な神がいた。例えば大神神や大和神、葛城神などである。そのような神々の中でどのように天皇(大王家)としての超越性を示すかが問われることになったのである。

探索の結果、現在の伊勢神宮の存在する場所に決まったのは確かである。その理由は東国への通路であり、太陽信仰が存在したことや、国造のような有力大氏族の非存在、五十鈴川などの清流、肥沃《ひよく》な平地と海による稲や海産物などに事欠かないことなど、いろいろな要素が重なり合っていると思われる。しかし、大事なのはその場所を天皇(大王家)が決め占有したということであろう。しかも日神という最高唯一神を設定し、記紀神話にそれを皇祖神と位置づけたことによって、当時の有力氏族たちは及ぶ術がなくなってしまったのである。もちろん、その背景に軍事的・経済的裏づけがあったことは言うまでもない。

その時期は、垂仁紀二五年三月丙申条一書異伝の丁巳鎮座伝承であり、遅くとも五世紀後半以前と見る。重要なのはそれが外宮鎮座伝承であり、外宮が内宮の要請により成立したとするなら、論理的にそれ以前に成立していなければならないからである。

なお、ヤマトから伊勢国へ皇祖神を遷した伝承は、ヤマト王権の大王がヤマトにいたことからすれば大王家の奉斎神(後の皇祖神)が存在したことはあり得ることで、移動したことは十分に想定できる。ただし、倭姫命の巡幸伝承はあとからの仮託であり、遠回りをするのは『風土記』に見られるように、神々が遠くから訪れ目的地に辿り着くという神話的技法である。「止由気宮儀式帳」に見える丹波国の比治真名井から呼び寄せた伝承も、内宮の倭姫命巡幸伝承に揃えるために仮託された伝承であろう。

一方、斎王は伝承時代が長いが、武烈の後、王位断絶の危機の中、越《こし》から擁立された継体天皇の時の荳角《ささげ》皇女から存在した可能性があると思う。その理由は、大王家の皇祖神を継ぐことは王権祭祀を継承することで、大王位継承と大王を取り巻く諸氏族の王への信頼につながるからである。しかしその後、酢香手姫《すかてひめ》皇女が推古天皇三〇年(六二二)に退くまで三代にわたって奉仕したことがわかるが、その後記事はなく疎遠になったようだ。斎王自体も大神宮に近侍していた可能性もあり、斎宮がどこに設置されたか不明な点が多い。

律令制国家と伊勢

その後、大化改新によって度会郡（評）に屯倉・評行政機関・御厨《みくりや》（大神宮司）が置かれ、公郡（評、後の神郡）が置かれたことは、神宮を取り巻く環境には大きな影響を及ぼしたと思われるが、孝徳天皇は仏法を尊び神祇を軽んじたといい、斎王を置いた記事もない。

そのような状態が続く中、天武天皇が天照大神を望拝し壬申の乱に勝利したことは、やはり大きかったであろう。ちょうど倭国が律令制国家への移行を強めていた時で、それまでの皇祖神を祭る伊勢神宮と斎王制度の見直しが行われたと思われる。その中で久々の大来《おおく》皇女の斎王派遣は斎宮制度の確立といってもよいであろう。その意味で、多気郡（評）の斎宮の飛鳥時代の遺構調査は今後重要である。

しかし、次の持統天皇は斎王を置かず、天皇代替わりの斎王設置は未完成であり流動的であった。ただ持統朝に式年造替（式年遷宮）が始まったことは大神宮の建築や制度を考える上で重要で、二神郡（評）と神宮祭祀（月次祭）も確認でき、飛鳥浄御原令制下で神祇祭祀が整えられる一環として位置づけられ、また奉幣制度の中で伊勢神宮が諸社の筆頭として位置づけられたことも明らかである。

ヤマト王権時代の神宮（祭祀）と斎王（斎宮）は、律令制国家の成立の中で国家祭祀制度の中に組み込まれた。それは天皇（家）も律令制度の中で役割を果たす必要があり、恣意的行動にせよ律令制に基づく機関を利用せざるを得なくなったことを意味していた。令文に直接規定されなかった神宮と斎宮は、その重要性から式文(最終的に『延喜式』)として多くの規定が生まれ幾多の改変は行われるも、その中で神宮と斎宮は制度として逆に天皇を規定することにもなったのである。それは、『古事記』『日本書紀』の成立も同じことであり、そこに記された天皇の皇祖神天照大神神話の成立は、その後の天皇・斎王を規定することでもあった。つまりそれまで天皇(大王)の恣意で行われていた皇祖神を祭ること、先に述べた天皇の権能の制度的義務化が開始されたのである。

「皇太神宮儀式帳」では「天照坐皇大神宮」と呼んでいるように「皇大神」と記したのは、「皇」(スメラ)が最高の主権者を意味し天皇のことも指すことからすれば、まさしく天皇の大神のことだったのである。天皇の大神である以上、王臣家と諸氏は奉幣禁断であり、三后(皇后・皇太后・太皇太后)と皇太子と言えども、奉幣は天皇への上奏がなければできないことになるのである。そして、天皇の意志・祈願を祝詞《のりと》によって天照大神へ伝えるには、代行・代理職(奉幣使等・祭主)の奏上によるしかなかったのである。

斎王は天皇の代替わりごとに斎宮に赴いたが、三節祭に神宮祭祀に奉仕する以外は、斎宮で忌み慎む生活が続いたのである。その三節祭に斎宮から赴いた神宮では、太玉串奉奠の儀があるだけであった。その意味は、恐らく倭姫命巡幸伝承に御杖代《みつえしろ》(依代《よりしろ》)として、皇女が天照大神を最後に五十鈴川上に降臨させた場面の再現以外にはなかろうと思う。

神宮・斎宮が天皇にもたらしたもの

そのような、天皇の皇祖神を日々祭る国家的な制度としての伊勢神宮と斎宮は、南伊勢地域に広大な神域・敷地を有した。荘厳化のため天皇と同様の宮殿風神殿、それを取り巻く臣下の如き神々の別宮・摂社・末社群の頂点にたち、それを支える官司としての大神宮司と斎宮寮が設置された。

律令制国家のもとで朝廷は全国支配のため地方官衙(大宰府や国府・郡衙など)を設置し行政機構を整え、租・庸・調による税制を整え、それらによって国家を運営していた。同様に伊勢神宮は主に神田(御田)・神封(神戸・神郡)、斎宮寮は諸国からの調・庸と京庫・供田などに頼りながら、神宮祭祀や斎王の斎宮での生活を維持することになった。

神宮や斎宮の置かれた地域は、神に仕える区域として多くの忌《ものいみ》(斎)が適用され禁忌《きんき》があった。八世紀後半以降、神仏習合の時代的流れの中で、神宮では逆に神仏隔離の方向に進むようになる。一般の公郡と異なり、神郡で起こる犯罪に対しては律ではなく祓法という特殊な犯罪準拠法が適用され、神宮の祭祀・行政・経済を担当する宮司と国の行政・経済を担当する伊勢国司との間には、神民(神戸や神郡の民)をめぐる神社修理・所属(神戸・官戸)問題・刑罰権をめぐって争いがあり、神郡の雑務権や田租検査納入権などの権限移管問題が起こっていたのである。このような国家の経済・財政基盤に支えられた神宮と斎宮は、それらの変質あるいは崩壊の影響を受け、斎王制度は一四世紀前半に途絶え復活することはなく、伊勢神宮は存在し続けるものの、式年造替は一五世紀中頃に長い中絶期を迎えざるをえなくなるのである。

神宮の日常は、内宮祢宜の職務にあるように「天皇の寿命を祈り御世の繁栄と皇子等の寿命を慈《いつく》しみ、人々の五穀豊穣を朝夕お祈りする」という、清浄な天照大神への神祭りの場でもあったが、その一方で勅使・奉幣使・祭主によってもたらされる都の天皇からの、慣例の天照大神への祭祀を始めとし世俗的な政治問題などをも含む、さまざまな祈願祝詞に対処する現実世界の場でもあった。

天皇の皇祖神天照大神を祭りそれに奉仕すること、その継続維持のため古代国家(律令制国家)の制度として都の天皇制を補完した装置が、伊勢国に置かれた伊勢神宮であり斎宮であったのである。

神宮側史料解説

本書の中で使用した、神宮側の史料を紹介しておきたい。

まず、神宮に関する最重要史料が、「止由気宮儀式帳《とゆけぐうぎしきちょう》」、「皇太神宮儀式帳《こうたいじんぐうぎしきちょう》」（6頁の写真）である。平安京に都が遷ってから約一〇年後の延暦二三年（八〇四）八月、桓武天皇の時代に内宮祢宜荒木田公成《あらきだきみなり》らから神祇官を経て太政官に上申した解文《げぶみ》である。解文というのは一般名で、正確には養老公式令《くしきりょう》にもとづく、下級官司から上級官司に上申するときに用いる解式の公文書様式のことである。

内容は、神宮の由来・殿舎の寸法・殿舎内の備品・遷宮の行事・所管神社・祢宜等の職掌・神三郡の由来・年中行事など、神宮に関するおおよそあらゆることが記されている。当時朝廷では法制史料集として格式などの編纂に関心が高まり、その参考史料として神宮側の史料提出が求められたのに対する回答書であったと言われている。したがって、時の政府に提出した正式文書であるから内容の信頼度は高い。もちろん、原本は現存しておらず写本が残っているだけなので、後世の混入部分が入り込んでいる危険性はあるが、十分信頼できるものである。ちなみに、それを参考にしたはずの『延喜式』巻四伊勢大神宮などは朝廷側の式文を集大成してあるもので、両者を見比べると視点や関心の持ち方の違いが明らかである(『神道大系』神宮編一所収)。

『太神宮諸雑事記《だいじんぐうしょぞうじき》』は神宮に関する重要事件を編年体に記録したものである。二巻からなり、垂仁天皇二五年から延久元年(一〇六九)一一月一二日までの記事を収め、第二巻の奥書によれば内宮祢宜荒木田徳雄(貞観一七年〈八七五〉~延喜五年〈九〇五〉祢宜在職)の家に代々相伝の古記文と、それに代々日記を書き継いだものからなり、承暦三年(一〇七九)の大火で原本は焼失したが、その写本が現存本である。したがって奥書を信じるならば、九世紀後半以降は内宮祢宜荒木田家で書き継いだ記録であるので、その立場からの記事として参考にできるものである。ただ、奈良時代以前の記事は明らかに後世から手を加えた記述もあり、個々の検証を必要とする(『神道大系』神宮編一所収)。

次に、本書での使用頻度は少ない、あるいは使用していないが、古代史の概説でもあまり触れられない、神宮側で記された史料や神宮関係史料について簡単に紹介しておこう。

内宮祢宜荒木田氏に関する系図について、「伊勢《いせ》天照《あまてらす》皇太神宮《こうたいじんぐう》禰宜《ねぎ》譜図帳《ふとちょう》」は延喜七年(九〇七)九月一七日荒木田神主が神祇官に上申した解文の形式をとる。天石窟隠れの段の氏祖である天見通命《あまのみとおし》から三三代目の茎貞《くきさだ》まで、親子関係や位階、奉仕した朝廷名などを列挙する。「皇太神宮延喜以後禰宜補任次第」は「禰宜譜図帳」以後の荒木田氏の祢宜補任を書き継いだもので、徳治二年（一三〇七）一一月から延慶二年（一三〇九）三月二二日までに成立したものと推測されている。やはり祢宜の在位期間・叙位などや親子関係、詳しい略歴が記されている（以上、田中卓「校訂・伊勢天照皇太神宮禰宜譜図帳」「翻刻・皇太神宮延喜以後禰宜補任次第」『古典籍と史料』所収）。

一方、外宮祢宜度会《わたらい》氏の系図について、「豊受太神宮《とゆけだいじんぐう》祢宜補任次第」は外宮の度会氏の補任について記したもので、編者は度会氏と思われる。遠祖天牟羅《あまのむら》雲《くも》命から、貞応三年（一二二四）七月三日死亡の氏康《うじやす》の項で終わり、最後の二項が補筆されたものとされている。各項には父祖・任官・叙位・卒年・年齢なども記されており、平安時代以降の項はおおむね信頼できる（『神道大系』神宮編五所収）。「元徳注進度会系図《げんとくちゅうしんわたらいけいず》」も度会氏の系図で、元徳元年（一三二九）に祭主の命により一祢宜檜垣常良《ひがきつねよし》（常昌《つねよし》）が注進したもので、二門氏人・四門氏人などの系図をおさめ、二門は高主以後、四門は真水《まみず》（貞観五年任）以後から各諸流を竪《たて》系図にしたものである（同上）。

祢宜・祭主・宮司・斎王・公卿勅使・遷宮などについては「二所太神宮例文《にしょだいじんぐうれいぶん》」が一度に見られ簡便であるが、他の記録・部類集との比較検討が必要である。そのほか、叙位や服・仮などさまざまな用例を項目立てにして記載している。編纂年や編者は不明で、おおむね花園天皇・後醍醐天皇・後村上天皇の記事で終わっているので、その頃に成立し書き継がれたものと考えられている。編者は外宮祢宜度会（檜垣）常良という説があり、度会氏の編纂であると推定されている(『神道大系』神宮編四所収)。同様の記述のものとして、『類聚大補任《るいじゅうだいぶにん》』は第三・第七・第八の一部が残っているが、編者・編纂時期は不明である。第三は貞観元年(八五九)から天徳四年(九六〇)まで残っているだけで、第七・第八は安徳天皇以降の時代のものであるが、本書にしか見えない記事がある(『神道大系』神宮編五所収)。

部類記も多いが、祭主に関して編者や編纂年代は不明なものの、応永一六年(一四〇九)補任の大中臣道直まで記された『祭主補任《さいしゅぶにん》』が詳細な記事を載せて参考になる(『神道大系』神宮編四所収)。公卿勅使に関しては、貴族の日記の抜き書きの部類記が多く残されているが、「伊勢公卿勅使雑例」の書名で知られているものは、『伊勢勅使部類記《いせちょくしぶるいき》』七部の一「伊勢勅使」二・「伊勢勅使雑例」のことで、前者は聖武から亀山天皇に至る勅使派遣の年月日や官位・姓名・宣命の趣旨などが記され、後者は勅使参向についての異変・異例を類聚したものである(『神道大系』神宮編三所収)。

なお、『神宮雑例集《じんぐうぞうれい》』は、神宮の由来や神封《しんぷ》、朝廷の内侍所、心御柱《しんのみはしら》、政印、年中行事などについて、また鎌倉時代初期までの沿革について神宮の記録文書などをあげたものである。宮司家の関係者によって一三世紀初頭に編纂されたと推定されており、どちらかというと平安から鎌倉にかけて中世的な項目の基本記事を見るのは便利であるが、「大同本紀《だいどうほんぎ》」などの偽書と推定されるものも含み注意が必要である(『神道大系』神宮編二所収)。

『皇太神宮年中行事』は、建久三年(一一九二)内宮祢宜の荒木田忠仲の編述で年間の祭儀次第を詳述したもので、現存のものは寛正五年(一四六四)荒木田氏経《うじつね》の補足したものである(同上)。『皇字沙汰文《こうのじさたぶみ》』は永仁四年(一二九六)二月より翌年六月に至る皇字をめぐる両宮間の論争文書集で、外宮側で編纂されたと見られている(『神道大系』論説編五所収)。

その他、年代記として『一代要記《いちだいようき》』は編者不明で、鎌倉時代後期の後宇多天皇の頃に成立し花園天皇まで書き継がれたもので、天皇・斎宮・皇太子・后妃以下の項が(『神道大系』朝儀祭祀編所収)、『十三代要略《じゅうさんだいようりゃく》』も作者や成立年代が不明だが、村上天皇から崇徳天皇までの編年略記で皇子女の項が参考となる(『続群書類従』雑部)。また、神宮文庫所蔵の『皇代記　付　年代記』は内宮祢宜荒木田(藤波)氏経が文明八年(一四七六)八月一日まで書写し、その後慶長四年(一五九九)まで書き継がれた年代記で、神代から各天皇の事蹟の中に神宮・斎宮関係の補任記事などがあり、参考となる(『神道大系』神宮編二所所収)。

参考文献

主要参考注釈書

青木和夫・石母田正・小林芳規・佐伯有清校注『古事記』日本思想大系1　岩波書店　一九八二
青木和夫・稲岡耕二・笹山晴生・白藤禮幸校注『続日本紀』1〜5　新日本古典文学大系12〜16　岩波書店　一九八九・一九九〇・一九九二・一九九五・一九九八
井上光貞・関晃・土田直鎮・青木和夫校注『律令』日本思想大系3　岩波書店　一九七七
植垣節也校注・訳『風土記』新編日本古典文学全集5　小学館　一九九七
小島憲之・木下正俊・東野治之校注『萬葉集』1　新編日本古典文学全集6　小学館　一九九四
小島憲之・直木孝次郎・西宮一民・蔵中進・毛利正守校注・訳『日本書紀』1・2・3　新編日本古典文学全集2・3・4　小学館　一九九四・一九九六・一九九八
坂本太郎・家永三郎・井上光貞・大野晋校注『日本書紀』上・下　日本古典文学大系67・68　岩波書店　一九六七・一九六五
虎尾俊哉編『延喜式』上・中・下　訳注日本史料　集英社　二〇〇〇・二〇〇七・二〇一七
西宮一民校注『古事記』新潮日本古典集成　新潮社　一九七九
西宮一民編『古事記　修訂版』おうふう　二〇〇〇

序章

原武史『昭和天皇』岩波新書　二〇〇八

第一章

青木紀元「外宮之度相」『日本神話の基礎的研究』風間書房　一九七〇
遠藤慶太・河内春人・関根淳・細井浩志編『日本書紀の誕生』八木書店　二〇一八
上田正昭『日本神話』岩波新書　一九七〇
岡正雄「日本民族文化の形成」『図説　日本文化史大系』1　縄文・弥生・古墳時代　小学館　一九五六
岡田精司「伊勢神宮の起源」「古代王権と太陽神」『古代王権の祭祀と神話』塙書房　一九七〇（初出一九六〇）
岡田精司「伊勢神宮の成立と古代王権」『古代祭祀の史的研究』塙書房　一九九二（初出一九八二）
門脇禎二「斎王と日本古代史」『邪馬台国と地域王国』吉川弘文館　二〇〇八（初出一九九九）
金子裕之「三重県鳥羽八代神社の神宝」『奈良文化財研究所　紀要』2004　奈良文化財研究所　二〇〇四
金子裕之「鳥羽八代神社の神宝2」『奈良文化財研究所　紀要』2005　奈良文化財研究所　二〇〇五
黒田龍二『纒向から伊勢・出雲へ』学生社　二〇一二
神野志隆光『古事記の達成』東京大学出版会　一九八三
白石太一郎「玉纒太刀考」『古墳と古墳時代の文化』塙書房　二〇一一（初出一九九三）

神宮司廳編『神都名勝誌』国書刊行会　一九九二(初出一七九七)
高嶋弘志「神郡の成立とその歴史的意義」『日本古代政治史論考』吉川弘文館　一九八三
津田左右吉『津田左右吉全集』第一巻　日本古典の研究　上　岩波書店　一九六三
直木孝次郎「天照大神と伊勢神宮の起源」『日本古代の氏族と天皇』塙書房　一九六四(初出一九五一)
那珂通世・三品彰英補『増補　上世年紀考』養徳社　一九四八
西宮一民「「五十鈴川上」考」『上代祭祀と言語』桜楓社　一九九〇(初出一九八七)
西宮一民校注『古事記』新潮日本古典集成　新潮社　一九七九
西宮秀紀「日本神話研究の現在」『国文学 解釈と教材の研究』第33巻第8号　学燈社　一九八八
西宮秀紀「草薙剣とヤマトタケル伝承」『愛知県史　通史編1　原始・古代』愛知県　二〇一六
西宮秀紀「伊勢神宮成立論」『伊勢湾と古代の東海』古代王権と交流4　名著出版　一九九六
八賀晋「伊勢湾沿岸における画文帯神獣鏡」『三重県史研究』第13号　一九九七
福山敏男『伊勢神宮の建築と歴史』日本資料刊行会　一九七六(初出一九四〇)
穂積裕昌『伊勢神宮の考古学』雄山閣　二〇一三
松前健「鎮魂祭の原像と形成」『古代伝承と宮廷祭祀』塙書房　一九七四
松村武雄「天孫降臨の神話」『日本神話の研究』第三巻　培風館　一九五五
三品彰英「記紀の神話体系」『日本神話論』三品彰英論文集　第一巻　平凡社　一九七〇
三品彰英『図説日本の歴史2　神話の世界』集英社　一九七四
溝口睦子『アマテラスの誕生』岩波新書　二〇〇九

三宅和朗「神代紀の基礎的考察」「天岩戸神話」『記紀神話の成立』古代史研究選書　吉川弘文館　一九八四（初出一九七七、一九七九）
山中章「考古学からみた古代王権の伊勢神宮奉祭試論」『三重大史学』第10号　二〇一〇
和田年弥「高倉山古墳」『伊勢市史』第六巻　考古編　伊勢市　二〇一一

第二章

岡田精司「記紀神話の成立」『岩波講座　日本歴史』2　古代2　岩波書店　一九七五
岡田精司「延暦儀式帳の疑問点」『三重県史だより』資料編（古代下）　三重県　二〇〇七
岸俊男「光明立后の史的意義」『日本古代政治史研究』塙書房　一九六六
久志本鉄也「壬申紀「迹太川」小考」『研究紀要』22　三重県埋蔵文化財センター　二〇一三
熊田亮介「伊勢神宮神衣祭についての基礎的考察」『新潟大学教育学部長岡分校研究紀要』25　一九八〇
河野勝行「五―六世紀における伊勢―「神宮」成立史研究のための試考―」『古代天皇制への接近』文理閣　一九九〇（初出一九七六）
坂本太郎・家永三郎・井上光貞・大野晋校注『日本書紀』下　日本古典文学大系68　岩波書店　一九六五
桜井勝之進『伊勢神宮の祖型と展開』国書刊行会　一九九一
正倉院事務所編『正倉院寶物2　北倉II』毎日新聞社　一九九六
直木孝次郎「古代の伊勢神宮」『伊勢神宮と古代の神々』直木孝次郎古代を語る4　吉川弘文館　二〇〇九（初出一九六〇）

西宮一民「「斎宮」の訓義」『上代祭祀と言語』桜楓社　一九九〇（初出一九六八）
西宮秀紀「古代伊勢国の糸・絹」『日本古代の王権と社会』塙書房　二〇一〇
早川万年「日祀部の設定と古代王権」『史境』6　一九八三
吉田晶「県造小論」『日本政治社会史研究』上　塙書房　一九八四
和田萃「兄国と弟国─内宮の相殿神をめぐって─」『日本古代の儀礼と祭祀・信仰』下　塙書房　一九九五（初出一九九一）

第三章

飯田瑞穂「『類聚三代格』巻第四の復原に関する覚書」『古代史籍の研究』中　飯田瑞穂著作集3　吉川弘文館　二〇〇〇（初出一九八四）
小倉慈司「八〜九世紀の伊勢神宮史料に関する一考察─内宮政印と大神宮司印をめぐって─」『大中臣祭主藤波家の研究』続群書類従完成会　二〇〇〇
小濱学ほか『離宮院跡（法楽町地区）発掘調査報告』小俣町文化財調査報告II　小俣町教育委員会　二〇〇〇
京都市埋蔵文化財研究所『平安京右京三条二坊十五・十六町─「斎宮」の邸宅跡─』二〇〇二
熊田亮介「伊勢神宮と度会氏─上─」『新潟大学教育学部長岡分校研究紀要』26　一九八〇
熊田亮介「度会神主について」『国史談話会雑誌』第23号　一九八二
倉田直純「ヘラ描き土器「水司鴨□」について」『三重の古文化』47（通巻88号）一九八二

倉田直純「斎宮跡の発掘」『三重県史　通史編　原始・古代』二〇一六
駒田利治『伊勢神宮に仕える皇女・斎宮跡』新泉社　二〇〇九
駒田利治編『考古調査ハンドブック13　律令国家と斎宮』ニューサイエンス社　二〇一六
虎尾俊哉編『延喜式』上　訳注日本史料　集英社　二〇〇〇
古川淳一「斎宮寮に関する基礎的研究」『日本律令制論集』下巻　吉川弘文館　一九九三
御巫清直「離宮院考證」『神宮神事考證』中篇　増補大神宮叢書8　臨川書店　一九七二（初出一八八九）
御村精治ほか『離宮院跡発掘調査報告』小俣町文化財調査報告I　小俣町教育委員会　一九八〇
山中章「斎宮・離宮院変遷の歴史的背景―離宮院遷宮にみる古代王権と伊勢太神宮―」『仁明朝史の研究―承和転換期とその周辺―』思文閣出版　二〇一一

第四章

足利健亮「大和から伊勢神宮への古代の道」『探訪　古代の道』第一巻　法蔵館　一九八八
足利健亮「平安京から伊勢神宮への古代の道」『探訪　古代の道』第二巻　法蔵館　一九八八
上島享「長元四年の斎王託宣事件再考」『日本中世社会の形成と王権』名古屋大学出版会　二〇一〇
榎村寛之『伊勢斎宮の歴史と文化』塙書房　二〇〇九
大川勝宏「光仁・桓武朝の斎宮―方格地割形成にみる斎宮の変革―」『古代文化』第49巻第11号　一九九七
岡田荘司「平安中期の天皇と神宮―長元四年　伊勢斎宮神託事件を中心に―」『古代文化』第45巻第3号

一九九三
岡田莊司「即位奉幣と大神宝使」『平安時代の国家と祭祀』続群書類従完成会　一九九四(初出一九九〇)
小川徹「戸座の貢進について」『古代・中世の社会と民俗文化』弘文堂　一九七六
小倉慈司「山於女王と安陪内親王」『三重県史だより』資料編(古代下)　三重県　二〇〇七
勝山清次「伊勢神宮における祭主支配の成立と展開—伊勢神宮の中世的変容—」『中世伊勢神宮成立史の研究』塙書房　二〇〇九(初出一九九九)
勝山清次「伊勢内宮祭神の中世的変容—皇祖神と国主神—」『京都大学文学部研究紀要』四六　二〇〇七
勝山清次「「伊勢内宮祭神の中世的変容」補訂」『京都大学文学部研究紀要』四七　二〇〇八
斎木涼子「11世紀における天皇権威の変化—内侍所神鏡と伊勢神宮託宣—」『古代文化』第60巻第4号　二〇〇九
斎宮歴史博物館編『幻の宮　伊勢斎宮—王朝の祈りと皇女たち—』朝日新聞社　一九九九
田阪仁・泉雄二「国史跡斎宮跡調査の最新成果から—史跡東部の区画造営プランをめぐって—」『古代文化』第43巻第4号　古代學協會　一九九一
直木孝次郎「奈良時代の伊勢神宮」『日本古代の氏族と天皇』塙書房　一九六四(初出一九五五)
中村英重「戸座をめぐる諸問題」『日本古代史論輯』桜楓社　一九八八
西宮秀紀「奈良時代の奉幣の使の実態」『律令国家と神祇祭祀制度の研究』塙書房　二〇〇四(初出二〇〇〇・二〇〇一)
早川庄八「壬生本『西宮記』について」『日本古代の文書と典籍』日本史学研究叢書　吉川弘文館　一九

九七（初出一九七〇）
早川庄八「長元四年の斎王託宣事件をめぐって」『日本古代官僚制の研究』岩波書店　一九八六（初出一九八三）
早川万年「神宮幣帛使と中臣氏」『大中臣祭主藤波家の研究』続群書類従完成会　二〇〇〇
林陸朗・鈴木靖民編『復元　天平諸国正税帳』現代思潮社　一九八五
藤森馨『改訂増補　平安時代の宮廷祭祀と神祇官人』原書房　二〇〇八
山中章「斎宮の交通体系―方格地割り交差点の優先関係―」『年報　都城』10　財団法人向日市埋蔵文化財センター　一九九九
山中章「斎宮方格地割の設計」『条里制・古代都市研究』第17号　条里制・古代都市研究会　二〇〇一
渡辺寛「天皇即位と伊勢斎王の卜定」『史料』皇學館大学史料編纂所報第83号　一九八六

第五章

伊藤聡『中世天照大神信仰の研究』法蔵館　二〇一一
伊藤聡『神道とは何か―神と仏の日本史―』中公新書　二〇一二
榎村寛之『伊勢斎宮の祭祀と制度』塙書房　二〇一〇
岡田荘司「天武朝前期における新嘗祭祀と伊勢斎王」『古代文学と隣接諸学7　古代の信仰・祭祀』竹林舎　二〇一八
岡田精司「〝式年〟造替の制度」『古代祭祀の史的研究』塙書房　一九九二（初出一九九〇）

岡田精司「古代における伊勢神宮の性格」『古代祭祀の史的研究』塙書房　一九九二(初出一九八五・一九八九)
岡田登「伊勢大神宮寺としての逢鹿瀬寺について」『史料』皇學館大学史料編纂所報第85号　一九八六
岡田登「伊勢大神宮寺(逢鹿瀬寺)の移転先をめぐって」『史料』皇學館大学史料編纂所報第２１８号　二〇〇八
片岡耕平「分析概念としての穢」『日本中世の穢と秩序意識』吉川弘文館　二〇一四
虎尾俊哉編『延喜式』上　訳注日本史料　集英社　二〇〇〇
西田長男編『九条家本旧蔵冊子本延喜斎宮式』国学院大学 神道史学会　一九七八
西宮一民「斎宮の忌詞について」『上代祭祀と言語』桜楓社　一九九〇(初出一九七四)
西宮秀紀「神祇官と律令祭祀」『古代文学と隣接諸学7　古代の信仰・祭祀』竹林舎　二〇一八
西宮秀紀「祝・祝部に関する基礎的考察」『律令国家と神祇祭祀制度の研究』塙書房　二〇〇四(初出一九七八)
西宮秀紀「文献からみた古代王権・国家のカミマツリと神への捧げ物―沖ノ島祭祀の歴史的前提―」『「宗像・沖ノ島と関連遺跡群」研究報告II―1』株式会社プレック研究所　二〇一二
西宮秀紀「信濃国と梓弓」『古代・中世の信濃社会』銀河書房　一九九二
西宮秀紀「律令国家の神祇祭祀の構造とその歴史的特質」『律令国家と神祇祭祀制度の研究』塙書房　二〇〇四(初出一九八六)
林野全孝「内宮「心の御柱」の性格について」『建築史研究』20　一九五五

藤森馨「神宝使考」『改訂増補　平安時代の宮廷祭祀と神祇官人』原書房　二〇〇八(初出二〇〇二)
藤森馨『古代の天皇祭祀と神宮祭祀』吉川弘文館　二〇一七
御巫清直「斎宮寮考證」『神宮神事考證』中篇　増補大神宮叢書8　吉川弘文館　二〇〇七
村瀬美樹「装束神宝と調進の沿革」『神宮―第六十回神宮式年遷宮―』小学館　一九七五
牟禮仁「正殿心柱の性格」『大嘗・遷宮と聖なるもの』皇學館大学出版部　一九九九
和田萃「神宮の忌詞」『日本古代の儀礼と祭祀・信仰』中　塙書房　一九九五(初出一九九一)
渡辺寛「延喜式における仏事忌避条文の成立」『史料』皇學館大学史料編纂所報第80号　一九八五

第六章

井後政晏「律令時代に於ける斎宮寮官―伊勢国司との関係を中心として―」『神道史研究』第十九巻第三号　一九七一
市大樹『飛鳥藤原木簡の研究』塙書房　二〇一〇
大関邦男「古代伊勢神宮の財政構造」『国史学』第128号　一九八六
大関邦男「神戸についての試論」『国学院雑誌』九五―二　一九九四
小倉慈司「神戸と律令神祇行政」『続日本紀研究』二九七　一九九五
小倉慈司「神戸の存在形態と神社経済」『古代文学と隣接諸学7　古代の信仰・祭祀』竹林舎　二〇一八
鎌田元一「評の成立と国造」『律令公民制の研究』塙書房　二〇〇一(初出一九七七)
熊田亮介「律令制下伊勢神宮の経済的基盤とその特質―神郡を中心として―」『日本古代史研究』吉川弘

文館　一九八〇
佐々田悠「律令国家の地方祭祀講造」『日本史研究』五一六　二〇〇五
佐々田悠「神祇官の財政的基盤―古代神戸の性格と分布―」『延喜式研究』二七　二〇一一
メアリ・ダグラス『汚穢と禁忌』ちくま学芸文庫　二〇〇九
田中卓「伊勢神郡の成立」『神宮の創祀と発展』神宮教養叢書　第五集　神宮司庁教導部　一九五九
野々村安浩「神戸の田租」『続日本紀研究』二〇八　一九八〇
早川庄八「斎宮寮の成立とその財政」『日本古代の財政制度』歴史学叢書　名著刊行会　二〇〇〇（初出一九九三）
林陸朗・鈴木靖民編『復元　天平諸国正税帳』現代思潮社　一九八五

終　章

石母田正『日本の古代国家』岩波文庫　二〇一七（初出一九七一）
西宮秀紀『律令国家と神祇祭祀制度の研究』塙書房　二〇〇四
西宮秀紀「神祇祭祀」『列島の古代史7　信仰と世界観』岩波書店　二〇〇六
岡田精司「古代における伊勢神宮の性格」『古代祭祀の史的研究』塙書房　一九九二（初出一九八五・一九八九）

神宮側史料解説

井後政晏「『太神宮諸雑事記』刊行本の再吟味」『史料』皇學館大学史料編纂所報第47号　一九八二
井後政晏「『太神宮諸雑事記』諸本分類の再検討」『神道史研究』第三十巻第一号　一九八二
井後政晏「『太神宮諸雑事記』真福寺本系の諸本」『神道史論叢』国書刊行会　一九八四
小倉慈司「『大同本紀』の虚構性」『史学論叢』一二　一九九三
小倉慈司「八〜九世紀の伊勢神宮史料に関する一考察―内宮政印と大神宮司印をめぐって―」『大中臣祭主藤波家の研究』続群書類従完成会　二〇〇〇
小倉慈司「神宮本『皇代記』について」『端垣』一九一　二〇〇二
阪本廣太郎「解題　太神宮諸雑事記」『新校　群書類従』第一巻　神祇部㊀　名著普及会　一九七八(初出一九二二)
佐野真人「『皇太神宮儀式帳』校訂試案」『皇學館大学研究開発推進センター紀要』二　二〇一六
佐野真人「『止由気宮儀式帳』校訂試案」『皇學館大学研究開発推進センター紀要』三　二〇一七
田中卓「校訂・伊勢天照皇太神宮禰宜譜図帳『古典籍と史料』国書刊行会　一九九三(初出一九六八)
田中卓「翻刻・皇太神宮延喜以後禰宜補任次第」『古典籍と史料』国書刊行会　一九九三(初出一九八五)
虎尾俊哉「儀式帳の撰進と弘仁式」『古典籍文書論考』吉川弘文館　一九八二(初出一九五二)
虎尾俊哉『延喜式』吉川弘文館　一九六四

あとがき

本書を執筆する前から予感はしていたが、書き終えてみて改めて伊勢神宮と斎宮について述べることの困難さを、つくづくと思い知らされている。それは両者の関係性や史料の膨大さ、また神宮に関する史料の性質だけではない。記紀の世界は時代を遡れば遡るほど物語的要素が強く、神宮と斎宮の成立に関する多くの記事もその領域に入る。その記述から定点をどのように見つけるか苦慮し、一点突破全面展開を試みたところもあるが、その可否は読者に委ねるしかない。また、本書は伊勢神宮と斎宮を、もう一つの天皇制と捉える観点から述べる意図があった。それは自分の歴史観や天皇観について語ることに他ならず、対象があまりにも大きく筆者の力量不足により描き切れなかったところもある。

本書は単なる信仰の対象としてではなく、歴史学の手法に基づいて伊勢神宮と斎宮を描いたつもりである。私自身の専門が古代史ということもあるが、伊勢神宮と斎宮の全体像を読者に提供したかったからで、執筆し終えた今、やはり史料と史料批判を基本とする歴史学は有効だと思っている。客観性を担保するため、本書はできるだけ多くの史料に語らせることになった。

私事になるが、小学校五年から高等学校卒業まで約六年半を伊勢市で過ごした。大学院で直木孝次郎先生に師事し、岡田精司先生からは神社・祭祀の見方など多くのことを学んだ。お二人とも伊勢神宮成立史に関する先駆的研究者であり、その影響は未だに大きい。また、本書は長年にわたる『三重県史　資料編　古代(上・下)』編さんの経験に負っており、『同　通史編原始・古代』の拙文に拠るところが多い。斎宮歴史博物館の運営専門委員会などに、長年参加している経験も活かせたと思う。

末筆ながら、岩波書店への仲介の労をおとりいただいた吉村武彦先生と、当初プランニングをしていただいた元編集部の早坂ノゾミさん、それに執筆遅延でご迷惑をおかけした編集部の永沼浩一さん、最終段階でご助力いただいた飯田建さんに謝意を表したい。

二〇一九年二月

西宮秀紀

(追記)　校了直前、直木先生の訃報に接した。満百歳という天寿を全うされたとはいえ、本書に御叱正を戴けないのは痛恨の極みである。

図版出典一覧

viii 頁，ix 頁，x–xi 頁，24 頁，64 頁，65 頁，155 頁——『三重県史　通史編　原始・古代』三重県，2016 年，488，506，510，511，517，518，560 頁をもとに作成

2 頁，133 頁，146 頁，147 頁，149 頁，160 頁，163 頁——神宮司庁提供

4 頁，53 頁，96 頁，97 頁，127 頁，190 頁——斎宮歴史博物館提供

6 頁——神宮文庫提供

35 頁——穂積裕昌『伊勢神宮の考古学』雄山閣，2013 年，132–133 頁

37 頁——桜井市教育委員会（前掲『三重県史』495 頁）

81 頁——著者撮影

93 頁——著者作成

98 頁——伊勢市教育委員会（前掲『三重県史』531 頁）

111 頁，114 頁——斎宮歴史博物館編『幻の宮　伊勢斎宮—王朝の祈りと皇女たち—』朝日新聞社，1999 年，55，76 頁をもとに作成

143 頁——皇學館大学神道博物館提供

156–157 頁——神宮農業館提供

＊表はすべて著者作成

岩波新書／最新刊から

1755
ユダヤ人とユダヤ教
市川裕著
啓典の民、離散の民、交易の民、さまざまな呼び名をもつユダヤの人びと。歴史をたどりながら、その信仰、学問、社会、文化を知る。

1756
なぜ働き続けられない？
社会と自分の力学
鹿嶋敬著
働く女性は雇用者全体の半数近くを占めるのに、本人が望んでも働き続けられないのはなぜなのか。当事者の声とともに問題点を提示。

1757
ユーラシア動物紀行
増田隆一著
フィンランドから始まる動物地理学の旅は水の都サンクトペテルブルクの動物学博物館を経て、大自然の中へ。［カラー図版多数］

1758
東アジア仏教史
石井公成著
国を越えた相互交流、漢字文化圏独自の経典、政治・社会・文化との関わりに着目し、二千年にわたる歩みをダイナミックにとらえる。

1759
〈いのち〉とがん
患者となって考えたこと
坂井律子著
最善の治療の選択とは、患者に必要な場とは。いのちを紡いでいく力になることとは。「がん時代」、そして未来に向けての書。

1760
子育ての知恵
幼児のための心理学
高橋惠子著
「母性愛」「三つ子の魂百まで」……。育児の「通説」はどこまで本当なのか？ 発達心理学の研究成果をもとに、確かな知識を伝える。

1761
日本をどのような国にするか
地球と世界の大問題
丹羽宇一郎著
米中貿易戦争、地球温暖化、巨大地震の脅威、AIブームの真贋……。日本を取り巻く大問題を、元中国大使・商社マンの著者が考える。

1762
世界史の実験
柄谷行人著
柳田にとって日本列島は世界人類史の痕跡を留める歴史の実験場だった。ダイアモンド、トッドらを援用した卓抜な文学と日本批評。

（2019. 3）

日本史

大化改新を考える	吉村武彦
江戸東京の明治維新	横山百合子
戦国大名と分国法	清水克行
東大寺のなりたち	森本公誠
武士の日本史	髙橋昌明
五日市憲法	新井勝紘
後醍醐天皇	兵藤裕己
茶と琉球人	武井弘一
近代日本一五〇年	山本義隆
語る歴史、聞く歴史	大門正克
義経伝説と為朝伝説 日本史の北と南	原田信男
出羽三山 山岳信仰の歴史を歩く	岩鼻通明
日本の歴史を旅する	五味文彦
一茶の相続争い	高橋敏
鏡が語る古代史	岡村秀典
日本の近代とは何であったか	三谷太一郎
戦国と宗教	神田千里
古代出雲を歩く	平野芳英
自由民権運動 〈デモクラシー〉の夢と挫折	松沢裕作
風土記の世界	三浦佑之
京都の歴史を歩く	小林丈広 高木博志 三枝暁子
蘇我氏の古代	吉村武彦
昭和史のかたち	保阪正康
「昭和天皇実録」を読む	原武史
生きて帰ってきた男	小熊英二
遺骨 戦没者三一〇万人の戦後史	栗原俊雄
在日朝鮮人 歴史と現在	水野直樹 文京洙
京都〈千年の都〉の歴史	高橋昌明
唐物の文化史	河添房江
小林一茶 時代を詠んだ俳諧師	青木美智男
信長の城	千田嘉博
出雲と大和	村井康彦
女帝の古代日本	吉村武彦
秀吉の朝鮮侵略と民衆	北島万次
コロニアリズムと文化財	荒井信一
特高警察	荻野富士夫
朝鮮人強制連行	外村大
古代国家はいつ成立したか	都出比呂志
渋沢栄一 社会企業家の先駆者	島田昌和
中国侵略の証言者たち	岡部牧夫 荻野富士夫 吉田裕 編
漆の文化史	四柳嘉章
平家の群像 物語から史実へ	高橋昌明
シベリア抑留	栗原俊雄
アマテラスの誕生	溝口睦子
中国残留邦人	井出孫六
証言 沖縄「集団自決」	謝花直美
遣唐使	東野治之
朝鮮通信使	仲尾宏
戦艦大和 生還者たちの証言から	栗原俊雄
金・銀・銅の日本史	村上隆

岩波新書新赤版一〇〇〇点に際して

ひとつの時代が終わったと言われて久しい。だが、その先にいかなる時代を展望するのか、私たちはその輪郭すら描きえていない。二〇世紀から持ち越した課題の多くは、未だ解決の緒を見つけることのできないままであり、二一世紀が新たに招きよせた問題も少なくない。グローバル資本主義の浸透、憎悪の連鎖、暴力の応酬――世界は混沌として深い不安の只中にある。

現代社会においては変化が常態となり、速さと新しさに絶対的な価値が与えられた。消費社会の深化と情報技術の革命は、種々の境界を無くし、人々の生活やコミュニケーションの様式を根底から変容させてきた。ライフスタイルは多様化し、一面では個人の生き方をそれぞれが選びとる時代が始まっている。同時に、新たな格差が生まれ、様々な次元での亀裂や分断が深まっている。社会や歴史に対する意識が揺らぎ、普遍的な理念に対する根本的な懐疑や、現実を変えることへの無力感がひそかに根を張りつつある。そして生きることに誰もが困難を覚える時代が到来している。

しかし、日常生活のそれぞれの場で、自由と民主主義を獲得し実践することを通じて、私たち自身がそうした閉塞を乗り超え、希望の時代の幕開けを告げてゆくことは不可能ではあるまい。そのために、いま求められていること――それは、個と個の間で開かれた対話を積み重ねながら、人間らしく生きることの条件について一人ひとりが粘り強く思考することではないか。その営みの糧となるものが、教養に外ならないと私たちは考える。歴史とは何か、よく生きるとはいかなることか、世界そして人間はどこへ向かうべきなのか――こうした根源的な問いとの格闘が、文化と知の厚みを作り出し、個人と社会を支える基盤としての教養となった。まさにそのような教養への道案内こそ、岩波新書が創刊以来、追求してきたことである。

岩波新書は、日中戦争下の一九三八年一一月に赤版として創刊された。創刊の辞は、道義の精神に則らない日本の行動を憂慮し、批判的精神と良心的行動の欠如を戒めつつ、現代人の現代的教養を刊行の目的とする、と謳っている。以後、青版、黄版、新赤版と装いを改めながら、合計二五〇〇点余りを世に問うてきた。そして、いままた新赤版が一〇〇〇点を迎えたのを機に、人間の理性と良心への信頼を再確認し、それに裏打ちされた文化を培っていく決意を込めて、新しい装丁のもとに再出発したいと思う。一冊一冊から吹き出す新風が一人でも多くの読者の許に届くこと、そして希望ある時代への想像力を豊かにかき立てることを切に願う。

（二〇〇六年四月）

西宮秀紀

1952年奈良県生まれ
1982年大阪市立大学大学院文学研究科後期博士課程国史学専攻単位取得．博士(文学)
現在―愛知教育大学名誉教授
専門―日本古代史
著書―『律令国家と神祇祭祀制度の研究』塙書房，『奈良の都と天平文化』吉川弘文館，『伊勢湾と古代の東海』共著，名著出版，『列島の古代史ひと・もの・こと7　信仰と世界観』共著，岩波書店，『古代の人物2　奈良の都』共著、清文堂，『古代文学と隣接諸学7　古代の信仰・祭祀』共著，竹林舎，『続日本紀1～4』共訳，平凡社東洋文庫ほか

伊勢神宮と斎宮　岩波新書(新赤版)1767

2019年3月20日　第1刷発行

著　者　西宮秀紀《にしみやひでき》

発行者　岡本　厚

発行所　株式会社　岩波書店
〒101-8002 東京都千代田区一ツ橋2-5-5
案内 03-5210-4000　営業部 03-5210-4111
http://www.iwanami.co.jp/

新書編集部 03-5210-4054
http://www.iwanamishinsho.com/

印刷・理想社　カバー・半七印刷　製本・中永製本

ISBN 978-4-00-431767-8　Printed in Japan

付　表

付表1 伊勢国度会郡式内社

	『延喜式』		
	神名式(式内社)	社格	伊勢大神宮式
本宮	1 大神宮 +(3)	大	・大神宮 (3)
別宮	2 荒祭宮 +(1)	大	・荒祭宮 (1)
	3 滝原宮 +(1)	大	・滝原宮 (1)
	4 伊佐奈岐宮 +(2)	大	・伊佐奈岐宮 (2)
	5 月読宮 +(2)	大	・月読宮 (2)
本宮	6 度会宮 +(4)	大	度会宮 (4)
別宮	7 高宮 +(1)	大	多賀宮 (1)
摂社	8 朝熊神社	小	・朝熊社 ①
	9 蚊野神社	小	・蚊野社 ⑤
	10 鴨神社	小	・鴨社 ③
	11 狭田国生神社	小	・狭田国生社 ㉒
	12 田乃家神社	小	・田乃家社 ④
	13 草名伎神社	小	草名伎社 ②
	14 薗相神社	小	・薗相社 ②
	15 礒神社	小	—
	16 多伎原神社	小	・多岐原社 ㉓
	17 月夜見神社	小	月夜見社 ①
	18 湯田神社	小	・湯田社 ⑥
	19 奈良波良神社	小	・奈良波良社 ⑱
	20 大水神社	小	・大水社 ⑫
	21 津長大水神社	小	・津長社 ⑪
	22 大国玉比売神社	小	・大国玉比売社 ⑬
	23 御食神社	小	御食社 ⑯
	24 大土御祖神社	小	・大土御祖社 ⑦
	25 田上大水神社	小	田上大水社 ⑥
	26 国津御祖神社	小	・国津御祖社 ⑧
	27 坂手国生神社	小	・坂手国生社 ㉑
	28 粟皇子神社	小	・粟皇子社 ⑯

及び式外社一覧

	儀式帳	
斎宮式（斎宮の祈年神）	両宮儀式帳	神体
—	・天照坐皇大神宮　(3)	鏡・弓・剣
—	・荒祭宮　(1)	鏡
—	・滝原宮　(1)	鏡
伊佐奈岐社　③	(・2神が月読宮に含まれる)	
伊佐奈弥社　④		
荒御玉命社　②	・月読宮　(4)	馬乗男
—	等由気大神宮　(4)	—
—	高宮　(1)	—
朝熊社　①	・小朝熊神社　②(3)	石・石・石
蚊野社　⑤	・蚊野神社　⑥	鏡
鴨社　⑥	・鴨神社　④	石
狭田国生社　⑧	狭田神社　㉔(3)	無
田乃家社　⑨	・田辺神社　⑤	鏡
草名伎社　⑩	草奈支神社　②	—
薗相社　⑦	・薗相神社　③	石
礒社　⑪	—	
多伎原社　⑫	・滝原神社　㉕(1)	石
月夜見社　⑬	月読神社　①	—
湯田社　⑭	・湯田神社　⑦(2)	無
奈良波良社　⑮	・楢原神社　⑳(1)	石
大水社　⑯	・大水神社　⑬(1)	無
津長大水社　⑰	津長大水神社　⑫(1)	石
大国玉比女社　⑱	—	
御饗社　⑲	水戸御食都神社　⑮	—
大土御祖社　⑳	・大土神社　⑧(3)	石
田上大水社　㉑	田上神社　⑥	—
国津御祖社　㉒	・国津御祖神社　⑨(2)	石・無
坂手国生社　㉓	・坂手神社　㉓(1)	石
粟皇子社　㉔	・粟御子神社　⑰(1)	石

摂社	29 久久都比売神社	小	・久具都比売社	⑰
	30 川原坐国生神社	小	—	
	31 大間国生神社	小	大間国生社	③
	32 江神社	小	・江神社	⑭
	33 神前神社	小	・神前社	⑮
	34 朽羅神社	小	・朽羅社	⑨
	35 榎村神社	小	—	
	36 度会国御神社	小	度会国御神社	④
	37 度会乃大国玉比売神社	小	度会大国玉比売社	㉝
	38 清野井庭神社	小	清野井庭社	⑨
	39 志等美神社	小	志等美社	⑦
	40 川原神社	小	・川原社	㉔
	41 山末神社	小	山末社	⑬
	42 大川内神社	小	大川内社	⑧
	43 棒原神社	小	・榛原社	⑲
	44 川原大社	小	河原大社	⑪
	45 宇須乃野神社	小	宇須乃野社	⑭
	46 小俣神社	小	小俣社	⑮
	47 川原淵神社	小	河原淵社	⑫
	48 大神乃御船神社	小	・御船社	⑳
	49 雷電神社	小	—	
	50 荻原神社	小	—	
	51 官舎神社	小	—	
別宮	神名式に見えない別宮		滝原並宮	(1)
摂社	神名式に見えない管社		—	
			—	
			—	
			・伊佐奈弥社	⑩
			高河原社	⑩
末社	式外社	内宮所管	—	
			—	
			—	
			—	

久久都比女社 ㉖	・久具神社 ⑲(2)	石
川原国生社 ㉕	—	
大間国生社 ㉗	大間国生神社 ③	—
江社 ㉘	江神社 ⑮(3)	在レ水・無
神前社 ㉙	神前神社 ⑯(1)	石
朽羅社 ㉛	・久麻良比神社 ⑩(2)	石
榎村社 ㉚	—	
度会国御社 ㉜	度会之国都御神社 ④	—
度会大国玉比女社 ㉝	度会之大国玉姫神社 ⑤	—
清野井庭社 ㉞	清野井庭社 ⑨	—
志等美社 ㉟	蔀野井庭社 ⑦	—
川原社 ㊱	・川原神社 ⑱(1)	無
山末社 ㊲	山末社 ⑬	—
大川内社 ㊻	大河内社 ⑧	—
榛原社 ㊳	・棒原神社 ㉑(1)	無
川原大社 ㊴	川原社 ⑪	—
宇須乃野社 ㊵	宇須乃野社 ⑭	—
小俣社 ㊶	小俣神社 ⑯	—
川原淵社 ㊷	川原淵社 ⑫	—
大神御船社 ㊸	・御船神社 ㉒(1)	無
雷電社 ㊹	—	
萩原社 ㊺	—	
—	—	
—	滝原並宮	—
—	・滝祭神社 ①	御殿無
—	・宇治山田神社 ⑪(1)	無
—	・堅田神社 ⑭(1)	石
—		
—	高河原社 ⑩	—
—	・鴨下神社 (3)	無
—	・津布良神社 (2)	無
—	・葭原神社 (3)	無
—	小社神社 (1)	石

末社	式外社	内宮所管		—
				—
				—
				—
				—
				—
				—
				—
				—
				—
				—
		外宮所管		—
				—
				—
				—
				—
				—
				—
				—

・伊勢大神宮式及び両宮儀式帳の・印は内宮及びその所管，無印は外宮及びそ
・神名式の宮・社名の前に付した数字は，巻頭図3中の数字と対応する．○内は各1座．推測も含む．＋は「月次，新嘗祭」に預る．
・神名式の大国玉比売神社は，「皇太神宮儀式帳」の堅田神社に当てる説がある．
・神名式の川原坐国生神社は，伊勢大神宮式・「止由気宮儀式帳」の高河原社に
・斎宮の祈年神の大社17座(第5章1)と小社98座の内，多気郡小社52座は略

付表2　志摩国答志郡式内社一覧

『延喜式』		
神名式(式内社)	社格	伊勢大神宮式
1 粟島坐伊射波神社(2)	大	—
2 同島坐神乎多乃御子神社(1)	小	—
—	—	伊雑宮　(1)[1]
—	—	—

・神名式記載二社と伊勢大神宮式・「皇太神宮儀式帳」による．(　)内
・神名式の神社名の前に付した数字は，巻頭図3中の数字と対応する．
注 1)神名式に見えない別宮．
2)伊雑宮所管か．伊雑宮遷奉時装束項にある．

—	・許母利神社	(1)	無
—	・新川神社	(1)	石
—	・石井神社	(1)	石
—	・宇治乃奴鬼神社	(1)	石
—	・加努弥神社	(1)	石
—	・川相神社	(1)	石
—	・熊淵神社	(1)	無
—	・荒前神社	(1)	石
—	・那自売神社	(3)	石
—	・葦立弖神社	(1)	石
—	・牟弥乃神社	(2)	無
—	伊我理神社		—
—	県神社		—
—	井中社		—
—	打懸社		—
—	志等美社		—
—	毛理社		—
—	大津社		—
—	士売屋社		—

の所管を示す.
の数字は記載順序を示す.（　）内は座数. 神名式の朝熊神社以下

当てる説がある.
してある.

	儀式帳	
斎宮式	「皇太神宮儀式帳」	神体
—	—	
—	—	
—	・伊雑宮	鏡
—	佐美長神社[2]	

は座数.

付表3　伊勢斎王(斎宮)一覧

	天皇	斎王	父	母	卜定	退下
飛鳥時代	文武	当耆皇女	天武	宍人檝媛娘	文武 2.9.10	文武 5.2 以前
		泉内親王	天智	忍海色夫古娘	文武 5.2.16	慶雲 3.8 以前
		田形内親王	天武	蘇我大蕤娘	慶雲 3.8.29	未詳
	元明	—	—	—	—	—
奈良時代	元正	久勢女王	未詳	未詳	霊亀元カ	養老 5.9 以前
	聖武	井上内親王(光仁皇后)	聖武	県犬養広刀自	養老 5.9.11	天平 16.①.13
		県女王	未詳	未詳	天平 18 以前	天平感宝元.⑤.11
	孝謙	小宅女王	三原王	未詳	天平勝宝元.9.6	天平勝宝4.7.10 カ
	淳仁	山於女王	淳仁カ	未詳	天平宝字2.8.19 以前	天平宝字8.10.9 カ
	称徳	—	—	—	—	—
	光仁	酒人内親王(桓武妃)	光仁	井上内親王(元斎王)	宝亀 3.11.13	宝亀 6.4.27
		浄庭女王	神王	弥努摩内親王	宝亀 6.4.29	天応元.4.3
平安時代	桓武	朝原内親王(平城妃)	桓武	酒人内親王(元斎王)	天応 2.8.1	延暦 15.2.13以前
		布勢内親王	桓武	中臣丸豊子	延暦 16.4.18	延暦 25.3.17
	平城	大原内親王	平城	伊勢継子	大同元.11.13	大同 4.4.1
	嵯峨	仁子内親王	嵯峨	大原浄子	大同 4.8.11	弘仁 14.4.16
	淳和	氏子内親王	淳和	高志内親王	弘仁 14	天長 4.2.26
		宜子女王	仲野親王	菅野氏女	天長 5.2.12	天長 10.2.28
	仁明	久子内親王	仁明	高宗女王	天長 10.3.26	嘉祥 3.3.21
	文徳	晏子内親王	文徳	藤原列子	嘉祥 3.7.9	天安 2.8.27
	清和	恬子内親王	文徳	紀静子	貞観元.10.5	貞観 18.11.29
	陽成	識子内親王	清和	藤原良近女	貞観 19.2.17	元慶 4.12.4
		掲子内親王	文徳	藤原今子	元慶 6.4.7	元慶 8.2.13
	光孝	繁子内親王	光孝	滋野直子カ	元慶 8.3.22	仁和 3.8.26
	宇多	元子女王	本康親王	未詳	仁和 5.2.16	寛平 9.3.19
	醍醐	柔子内親王	宇多	藤原胤子	寛平 9.8.13	延長 8.9.22

平安時代		雅子内親王(六条斎宮)	醍醐	源周子	承平元.12.25	承平6.3.7以前
	朱雀	斉子内親王	醍醐	源和子	承平6.春カ	承平6.5.11
		徽子女王(村上女御)	重明親王	藤原寛子	承平6.9.12	天慶8.正.23
		英子内親王	醍醐	藤原淑姫	天慶9.5.27	天慶9.9.16
	村上	悦子女王(旅子)	重明親王	藤原寛子	天慶10.2.26	天暦8.9.14
		楽子内親王	村上	荘子女王	天暦9.7.17	康保4.5.25
	冷泉	輔子内親王	村上	藤原安子	康保5.7.1	安和2.11.4
	円融	隆子女王	章明親王	藤原敦敏女	安和2.11.6	天延2.⑩.17
		規子内親王	村上	徽子女王(元斎王)	天延3.2.27	永観2.8.23
	花山	済子女王	章明親王	藤原敦敏女	永観2.11.4	寛和2.6.22
	一条	恭子女王	為平親王	源高明女	寛和2.8.8	寛弘7.11.27
	三条	当子内親王	三条	藤原娍子	寛弘9.12.4	長和5.正.29
	後一条	嫥子女王	具平親王	為平親王女	長和5.2.19	長元9.4.17
	後朱雀	良子内親王	後朱雀	禎子内親王	長元9.11.28	寛徳2.正.16
	後冷泉	嘉子内親王	敦明親王	藤原寛子	寛徳3.3.10	永承6.正.8
		敬子女王	敦平親王	源則理女	永承6.10.7	治暦4.4.23
	後三条	俊子内親王(樋口斎宮)	後三条	藤原茂子	治暦5.2.9	延久4.12.30
	白河	淳子女王	敦賢親王	源親方女	延久5.2.16	承保4.8.17
		媞子内親王(郁芳門院)	白河	藤原賢子	承暦2.8.2	応徳元.9.22

・丸付き数字は閏月を示す.
・本文と関係する院政期までの一覧である. これ以前の一覧は38頁参照.